# 평생 내는 세금 1억 절약하기
## 사장님편

# 평생 내는 세금 1억 절약하기
## 사장님편

안 읽으면 1억 손해 보는 절세 완전 정복기

장중진

**일러두기**
- 단위를 나타내는 명사는 앞말과 띄어 쓰는 것이 원칙이나 가독성을 높이기 위해 '만 원'이 아닌 '만원'으로 표기했다.

> 서문

# 1년에 1천만원씩 10년이면
# 1억을 절세할 수 있다

직장 생활을 그만두고 사업을 시작하면 모든 게 낯설다. 회사에서 월급을 받을 때는 연말정산 말고는 신경 쓸 게 없다. 그런데 사업자등록을 내는 순간부터 용어마저 생소하다. 부가세는 뭐고 소득세는 뭔지, 직원을 뽑았는데 4대보험은 어떻게 해야 하는지 정신이 없다.

이 책은 처음 창업하는 사장님부터 현재 사업 중인 사장님까지 세금에 대해 쉽게 알 수 있도록 설명해 준다. 그리고 세법이 허용하는 범위에서 최대한 세금을 절약할 수 있도록 도와준다. 아무리 매출이 많고 순이익이 많다고 하더라도 세금을 내고 남은 돈이 사장님 몫이다. 그래서 세금을 절약하는 '세테크'가 중요하다.

예를 들어 매출 10억에 매입이 8.65억(재료비, 인건비, 임대료 등)이면 순이익은 1.35억이다. 그러면 세금이 대략 3천500만원 정도 나온다. 세금을 내고 남은 금액이 대략 1억이다. 정리하자면 매출 1억당 세후 순이익은 1천만원인 셈이다. 즉 매출 1억을 올려야 순이익 1천만원을 더 벌 수 있다. 그러나 매출 1억을 올리는 게 말처럼 쉬운가? 다르게 생각해 보자. 1천만원의 세금을 절약할 수 있다면 매출 1억을 올리는 것과 같은 효과가 있다.

1년에 세금을 1천만원씩 줄인다면 10년에 1억원의 세금을 절약할 수 있다. 이것은 마치 매출 10억을 올린 것과 마찬가지다. 그래서 세금에 대해 제대로 아는 것이 무엇보다 중요하다.

세금을 절약하는 방법은 여러 가지가 있다. 첫째, 어떤 업종을 어디에 창업하느냐에 따라 세금이 달라진다. 둘째, 직원을 채용했을 때 세금을 깎아 준다. 셋째, 가족과 같이 사업할 때 공동사업자로 하느냐 직원으로 하느냐에 따라 세금을 절약할 수 있다. 넷째, 부가세를 절약하기 위해 어떤 차를 구입해야 할지, 매입 자료는 어떤 걸 받아야 할지 알아야 한다. 다섯째, 세법상 감면이나 세액공제, 소득공제나 세액공제를 최대한 받아야 한다. 여섯째, 개인사업자에서 법인으로 전환할 때 절세하는 방법을 알아야 한다. 이 밖에도 세금을 합법적으로 절세하는 방법은 여러 가지가 있다. 세금 절약 방법을 알면 세후 순이익이 늘어나므로 돈을 더 벌 수 있다.

이 책은 개인사업자 뿐만 아니라 법인사업자에게도 공통적으로 적용되는 절세 방법을 담았다. 아직 창업 전인 예비 창업자를 위한 절세 방법도 제시했다. 그래서 사장님이 일독하면 앞으로 세금에 대해 걱정할 필요가 없다. 이 정도만 알아도 세무사무실의 신입사원만큼 아는 것이다. 더 복잡한 것은 세무사와 상의하면 된다.

세금에 대해 전혀 모르는 사장님을 위해 최대한 쉽게 설명했다. 이 책은 처음부터 끝까지 순서대로 읽는 게 좋다. 그리고 사업하면서 모르는 내용은 찾아서 보면 된다. 세법에는 '경정청구'라는 것이 있다. 더 많이 낸 세금을 돌려받는 제도이다. 그런데 아무 때나 되는 게 아니라 5년 안에 청구해야 한다. 만약 2020년 소득세 신고를 2021년 5월 31일에 했는데 세금을 많이 냈다면 2026년 5월 31일까지 경정청구를 할 수 있다. 이 책을 읽다가 만약 놓친 게 있다면 지금이라도 늦지 않았다. 과거 5년 동안 납부한 세금 중 혹시라도 놓친 게 있는지 검토해 볼 수도 있다.

책의 중간중간 저자의 유튜브 영상을 QR코드로 연결해 놨으니 헷갈리는 내용이 있다면 참고하길 바란다. 그래도 이해되지 않으면 아래의 카카오톡이나 이메일로 문의해도 된다.

이메일주소 3jjj@daum.net

유튜브 채널　카카오톡 채널

# 목차

서문      5

## Part 1　사업자등록 전부터 1억 절세 세팅하기

창업 지역만 잘 골라도 반값 세금      17
비상주 공유오피스에 창업해도 창업중소기업감면 받을 수 있을까?

부가가치세 과세 vs 면세는 무슨 차이예요?      26

일반과세자 vs 간이과세자 어떤 게 유리할까?      28

사업자등록하는 방법      30

부부 또는 가족과 함께 사업할 때,
공동사업자나 직원 중 어떤 방식이 좋나요?      32

피같은 임차보증금 지키는 방법 - 상가 확정일자      35

현금영수증 가맹점 등록 안 하면 세금 폭탄      38

사업용 계좌 등록 안 하면 세금 폭탄      40

## Part 2 사업자가 꼭 알아야 할 세금 종류와 신고기간

부가세와 신고납부기한     45
면세 사업자 사업장현황신고

종합소득세 신고납부 기한과 소득의 종류     48

정규직, 인적용역, 일용직 있으면 원천세 신고     51

4대보험료와 할인받는 방법 (두루누리 사회보험)     54
대표자 고용보험, 산재보험 가입하는 방법

## Part 3 부가세 절약하는 방법

부가세를 아낄 수 있는 증빙자료 챙기기     63

신용카드나 현금영수증 발행하면 1년에 최대 1천만원 공제     65

전자로 세금계산서 발행하면 세금 100만원 공제     66
전자세금계산서 발급 방법

차량만 잘 구입해도 1천만원 절세     70
조기환급: 부가세 환급 빨리 받는 방법

신용카드 또는 현금영수증으로 매입해도 부가세 공제     74

음식업은 농·축·수산물 살 때 계산서도 부가세 공제     76

티끌모아 태산 (전기요금, 통신료, 도시가스 요금, 정수기 요금 등)　　78
통장거래내역과 매입세금계산서 대조해 보기

## Part 4　소득세와 법인세 절세를 위한 비용 처리방법

비용의 대원칙 - 사업 관련 비용 (통장송금기록)　　84
직원 퇴직금 최대 2천400만원 지원받는 방법
(중소기업퇴직연금기금-푸른씨앗)　　86
세금과 공과금 (4대보험료, 주민세, 재산세, 종합부동산세, 단체회비)　　89
차량 일시불, 할부, 렌트, 리스 중 어떤 게 유리할까?　　90
임대인의 사업자 등록 유형별 비용 처리 방법　　94
기업업무추진비, 경조사비, 상품권도 비용 처리 가능　　95
상품권으로 접대할 때

사업 목적으로 받은 대출 이자도 비용 인정　　98
인테리어도 비용으로 인정된다(감가상각비)　　100
권리금을 줬을 때 비용 처리 방법　　102
신용카드 수수료는 어떻게 조회하죠?　　104
가족이 기부한 것도 비용으로 인정된다　　105

## Part 5 · 세법상 감면·공제와 소득공제, 세액공제로 절세하는 방법

세무사에게 기장만 맡겨도 100만원 절약된다     110
세무사 사무실에 복식부기로 신고할 때 전달할 서류

부양가족 소득공제 잘 받는 방법 (부모님, 형제 자매, 자녀 등)     114

소득공제 받는 국민연금과 노란우산공제     118

세금 깎는 연금저축 - 연금저축보험과 연금저축펀드의 차이점     122

자영업자 퇴직연금 들면 세액공제 되나요? - 퇴직연금 IRP     124

정규직원 1명만 고용해도 최대 4천650만원 세금 절약     125
통합고용세액공제 활용을 위해 근로계약서 보관은 필수

기업 부설 연구소 또는 연구 전담 부서로 세액공제 받는 방법     129

중소기업이면 세금 깎아 주나요?     132

## Part 6 · 개인사업자 vs 법인사업자 장단점과 법인 전환

개인사업자와 법인사업자의 차이점     137

| 개인사업자가 법인사업자 보다 유리할 때 | 140 |
| 법인사업자가 개인사업자 보다 유리할 때 | 144 |
| 가족 법인으로 절세하는 방법 | |
| 신설 법인 vs 법인 전환 장단점 | 150 |
| 법인 전환하면서 권리금 받고 절세하는 방법 | 152 |

# Part 7  업종별 절세 포인트

| | |
|---|---|
| 유튜버 | 156 |
| 음식점업 | 162 |
| 인터넷쇼핑몰 (통신판매업) | 165 |
| 건설업 | 168 |
| 모바일 게임 제작업 | 171 |
| 학원업 | 175 |
| 부동산임대업 (상가, 공장, 오피스텔 등) | 177 |
| 부동산 매매업 (주택 및 상가) | 180 |

| 작가 인터뷰 | 187 |

Part 1

# 사업자 등록 전부터 1억 절세 세팅하기

절세하려면 사업을 시작하기 전부터 잘 준비해야 한다. 아무 생각 없이 사업자를 내게 되면 나중에 절세하기 힘들다. 그렇기에 이번 장에서는 첫 단추를 잘 끼우는 몇 가지 방법을 소개하려 한다.

### 첫째, 창업 지역에 따라 세금이 하늘과 땅 차이다.

동일한 업종이라고 하더라도 창업을 어디에 하느냐에 따라 세금을 50%에서 많게는 100%까지 감면받을 수 있다. 그것도 1년이 아니라 5년간이나 받을 수 있다. 그래서 창업 지역을 잘 고르는 게 무엇보다 중요하다.

### 둘째, 부가세가 과세되는 업종이 있고 부가세가 없는 업종이 있다.

사업을 처음 시작하면 부가세도 낯설다. 우리가 마트에 가서 아이스크림을 사 먹는다고 해 보자. 만약 아이스크림이 1만 1,000원이라고 하면 1만원은 공급가액이고 1,000원이 부가세다. 소비자가 물건을 구입할 때 부가세 10%를 포함해서 물건 값을 지불하는 것이다. 그러면 사장님이 1,000원의 부가세를 모아 뒀다가 나중에 3개월이나 6개월에 한 번씩 납부하는 것이다. 그게 바로 부가세다.

그런데 부가세를 내지 않는 품목도 있다. 농·축·수산물이 대표적이다. 마트에서 소고기나 돼지고기를 구입하면 거기에는 부가세가 없다. 처음 사업자등록을 할 때 취급하는 품목에 따라 부가세 과세 또는 면세로 정해야 한다. 만약 과세로 사업자를 내야 하는데 반대로 면세로 내거나, 면세로 해야 할 것을 과세로 내는 경우 나중에 세금 폭탄을 맞을 수 있다. 그래서 부가세 과세로 할지 면세로 할지 기준을 알려드리겠다.

**셋째, 만약 부가세가 과세되는 업종인 음식점을 한다고 해 보자.**

그 안에서도 일반과세자가 있고 간이과세자가 있다. 일반은 뭐고 간이가 뭔지는 조금 뒤에 자세하게 알려드리겠다. 그런데 일반과세로 내냐 간이과세로 내냐에 따라 적게는 수백만원에서 많게는 수천만원까지 부가세가 차이날 수 있다. 어떤 경우에 일반과세자 또는 간이과세자로 하는 게 유리한지 정확히 알려드리겠다.

**넷째, 사업자등록은 세무서 또는 홈택스에서 신청할 수 있다.**

신청할 때 필요한 서류를 알려드리겠다.

**다섯째, 부부가 함께 사업하는 경우가 많다.**

이때 사업자등록을 하는 방법이 달라질 수 있다. 부부가 함께하는 공동사업자로 할 수도 있고, 남편 명의로 사업자를 내고 아내를 직원으로 채용할 수도 있다. 반대로 아내 명의로 사업자를 내고 남편을 직원으로 채용할 수도 있다. 그 방식에 따라 세금이 달라질 수 있다.

**여섯째, 사업자를 내기 위해서 수천만원의 보증금을 내고 사무실이나 매장을 빌린다.**

보증금을 지키기 위해서는 상가 확정일자를 받아야 한다. 상가 확정일자 받는 방법에 대해 알려드리겠다.

**일곱째, 사업자등록 후에 꼭 해야 할 일이 있다.**

현금영수증 가맹점에 가입하는 것이다. 카드단말기를 설치한다면 자동으로 등록되지만, 만약 단말기를 설치하지 않는다면 따로 신청해야 한다. 신청 방법을 쉽게 알려드리겠다.

**여덟째, 사업용 계좌를 만들고 홈택스에 등록해야 한다.**

   만약 등록하지 않으면 나중에 세금 폭탄을 맞을 수 있다. 사업용 계좌를 만드는 방법부터 신고하는 방법까지 자세하게 알려드리겠다.

## 001 창업 지역만 잘 골라도 반값 세금

처음 창업할 때 제일 고민되는 것이 업종이다. 제조업을 할지 인터넷 쇼핑몰을 할지 음식점을 할지 업종을 정하는 게 제일 힘들다. 업종을 정했다면 그 다음에는 창업 지역이다. 창업 지역만 잘 골라도 세금을 반 이상 줄일 수 있다. '창업중소기업감면'이란 제도를 활용하면 창업 후 5년간 소득세 또는 법인세를 매년 50%~100% 감면받을 수 있다. 만약 청년(15~34세, 병역복무 기간 최대 6년 연장)이 경기도 화성시에서 음식업이나 제조업 또는 인터넷쇼핑몰을 25년 12월 31일까지 창업한 경우 소득세를 100% 감면해 준다. 2025년부터 2029년까지 5년 동안 소득세를 한푼도 안 내도 된다. 다만, 1년에 감면받을 수 있는 한도는 5억이다. 소득세 또는 법인세를 연 최대 5억 감면받을 수 있기에 5년이면 최대 25억원의 세금을 절세할 수 있다. 이 제도를 활용하기 위해서는 업종과 지역을 잘 선정해야 한다.

**첫째, 창업중소기업 감면에 해당하는 업종이 있다.**
- 광업
- 제조업
- 수도, 하수 및 폐기물 처리, 원료 재생업

- 건설업
- 통신판매업
- 물류산업
- 음식점업
- 정보통신업(제외 업종: 비디오물 감상실 운영업, 뉴스 제공업, 블록체인 기반 암호화자산 매매 및 중개업)
- 금융 및 보험업 중 정보통신을 활용하여 금융서비스를 제공하는 업종
- 전문, 과학 및 기술 서비스업(엔지니어링사업 포함, 변호사업 등 일부 업종 제외)
- 사업시설 관리 및 조경 서비스업, 사업 지원 서비스업 해당하는 업종
- 사회복지 서비스업
- 예술, 스포츠 및 여가관련 서비스업(제외업종: 자영예술가, 오락장 운영업 등)
- 개인 및 소비용품 수리업, 이용 및 미용업
- 직업기술분야 학원 및 훈련시설
- 관광숙박업·국제회의업·유원시설업 관광객이용시설업
- 노인복지시설 운영업
- 전시산업

위에 해당하는 업종을 창업하게 되면 창업 감면을 받을 수 있다.

### 둘째, 창업 지역에 따라 감면 여부가 달라진다.

예를 들어 서울은 수도권과밀억제권역이기에, 청년이 서울에 통신판매업을 개업하면 소득세를 50%씩 5년간 감면받는다. 반면 경기도 화성에 창업했다면 소득세를 100%씩 5년간 감면받을 수 있다. 즉 소득세나 법인세를 한 푼도 안 내도 된다는 것이다.

청년이 아닌 경우에는 수도권과밀억제권역에 사업자를 내면 감면을

받지 못한다. 만약 45세인 사장님이 경기도 성남시에 사업자를 내면 혜택이 없다. 그러나 경기도 양주에 제조업을 창업하면 50%씩 5년간 소득세 또는 법인세를 감면받을 수 있다.

| 구분 | 수도권 과밀억제권역 | 수도권 과밀억제권역 밖 |
| --- | --- | --- |
| 청년 창업(15~34세) | 50% 감면 | 100% 감면 |
| 그 외 창업 | 해당없음 | 50% 감면 |

이처럼 과밀억제권역이냐 아니냐에 따라 세금이 달라진다. 수도권 과밀억제권역과 성장관리권역, 자연보전권역은 다음 장의 표(1)을 참조하면 된다. 수도권과밀억제권역 여부에 따른 감면율의 차이는 2025년 12월 31일까지 사업자등록을 냈을 때 유효하며, 2026년부터는 새로운 기준이 적용될 예정이다.

| 구분 | 수도권 과밀억제권역 | 수도권 과밀억제권역 밖 | |
| --- | --- | --- | --- |
| | | 수도권 | 수도권 밖 (수도권 인구감소지역) |
| 청년 창업 (15~34세) | 50% 감면 | 75% 감면 | 100% 감면 |
| 그 외 창업 | 해당없음 | 25% 감면 | 50% 감면 |

청년인 경우 수도권과밀억제권역에 창업을 하면 50%를 감면받는 것

## 표(1) 과밀억제권역, 성장관리권역 및 자연보전권역의 범위

| 과밀억제권역 | 성장관리권역 | 자연보전권역 |
|---|---|---|
| 1. 서울특별시<br>2. 인천광역시[강화군, 옹진군, 서구 대곡동·불로동·마전동·금곡동·오류동·왕길동·당하동·원당동, 인천경제자유구역(경제자유구역에서 해제된 지역을 포함한다) 및 남동 국가산업단지는 제외한다]<br>3. 의정부시<br>4. 구리시<br>5. 남양주시(호평동, 평내동, 금곡동, 일패동, 이패동, 삼패동, 가운동, 수석동, 지금동 및 도농동만 해당한다)<br>6. 하남시<br>7. 고양시<br>8. 수원시<br>9. 성남시<br>10. 안양시<br>11. 부천시<br>12. 광명시<br>13. 과천시<br>14. 의왕시<br>15. 군포시<br>16. 시흥시[반월특수지역(반월특수지역에서 해제된 지역을 포함한다)은 제외한다] | 1. 인천광역시[강화군, 옹진군, 서구 대곡동·불로동·마전동·금곡동·오류동·왕길동·당하동·원당동, 인천경제자유구역(경제자유구역에서 해제된 지역을 포함한다) 및 남동 국가산업단지만 해당한다]<br>2. 동두천시<br>3. 안산시<br>4. 오산시<br>5. 평택시<br>6. 파주시<br>7. 남양주시(별내동, 와부읍, 진전읍, 별내면, 퇴계원면, 진건읍 및 오남읍만 해당한다)<br>8. 용인시(신갈동, 하갈동, 영덕동, 구갈동, 상갈동, 보라동, 지곡동, 공세동, 고매동, 농서동, 서천동, 언남동, 청덕동, 마북동, 동백동, 중동, 상하동, 보정동, 풍덕천동, 신봉동, 죽전동, 동천동, 고기동, 상현동, 성복동, 남사면, 이동면 및 원삼면 목신리·죽릉리·학일리·독성리·고당리·문촌리만 해당한다)<br>9. 연천군<br>10. 포천시<br>11. 양주시<br>12. 김포시<br>13. 화성시<br>14. 안성시(가사동, 가현동, 명륜동, 숭인동, 봉남동, 구포동, 동본동, 영동, 봉산동, 성남동, 창전동, 낙원동, 옥천동, 현수동, 발화동, 옥산동, 석정동, 서인동, 인지동, 아양동, 신흥동, 도기동, 계동, 중리동, 사곡동, 금석동, 당왕동, 신모산동, 신소현동, 신건지동, 금산동, 연지동, 대천동, 대덕면, 미양면, 공도읍, 원곡면, 보개면, 금광면, 서운면, 양성면, 고삼면, 죽산면 두교리·당목리·칠장리 및 삼죽면 마전리·미장리·진촌리·기솔리·내강리만 해당한다)<br>15. 시흥시 중 반월특수지역(반월특수지역에서 해제된 지역을 포함한다) | 1. 이천시<br>2. 남양주시(화도읍, 수동면 및 조안면만 해당한다)<br>3. 용인시(김량장동, 남동, 역북동, 삼가동, 유방동, 고림동, 마평동, 운학동, 호동, 해곡동, 포곡읍, 모현면, 백암면, 양지면 및 원삼면 가재월리·사암리·미평리·좌항리·맹리·두창리만 해당한다)<br>4. 가평군<br>5. 양평군<br>6. 여주시<br>7. 광주시<br>8. 안성시(일죽면, 죽산면 죽산리·용설리·장계리·매산리·장릉리·장원리·두현리 및 삼죽면 용월리·덕산리·율곡리·내장리·배태리만 해당한다) |

은 동일하다. 그런데 수도권과밀억제권역 중에서 수도권인 경우, 예를 들어 경기도 화성인 경우는 75%를 감면받게 된다. 수도권 밖인 충청북도 청주에서 개업한 경우에는 100%를 감면받을 수 있다.

일반인의 경우 수도권과밀억제권역 중에 수도권 내인 경우, 예를 들어 경기도 포천에 창업한 경우 25% 감면을 받을 수 있다. 수도권 밖인 강원도 원주에 창업한 경우 50%를 감면받을 수 있다. 감면 기간은 전과 동일하게 5년간 받을 수 있다.

### 셋째, 창업으로 보는 경우와 보지 않는 경우가 있다.

보통 창업 감면이라고 하면 평생 1회만 받는다고 생각한다. 그러나 그것은 오해다. 동일 업종이 아닐 경우 창업 감면을 여러 차례 받을 수 있다. 예를 들어 음식업으로 5년간 감면 받은 사장님이 있다. 이분이 음식업을 폐업하고 다른 곳에 제조업을 창업했다면 5년간 또 감면받을 수 있다. (물론 해당되는 지역이어야 한다.) 만약 이분이 제조업을 폐업한 후 다른 곳에 인터넷쇼핑몰을 창업한다면 또 5년간 감면을 받을 수 있는 것이다.

기존 사업을 폐업하지 않고도 새로운 곳에 감면 업종을 창업해도 감면받을 수 있다. 예를 들어 경기도 포천에서 음식점을 하는 사장님이 창업감면을 받고 있다. 그런데 옆에 있는 양주시에 제조업을 창업했다고 하면 그것도 감면을 받을 수 있다. 새로운 장소에서 감면 업종을 창업했기 때문이다.

또한 창업으로 인정받지 못하는 경우도 있다. 가장 흔한 경우는 다른 사람이 하던 음식점을 인수해서 동일한 음식점을 운영하는 것이다. 예를 들어 용인에서 다른 사람이 하던 교촌치킨을 인수하여 계속 교촌치킨을 하는 경우다. 이런 경우 창업으로 보지 않기 때문에 감면을 받을 수 없다. 아래 4가지 경우에는 창업으로 보지 않는다.

① 합병·분할·현물출자 또는 사업의 양수를 통하여 종전의 사업을 승계하거나 종전의 사업에 사용되던 자산을 인수 또는 매입하여 같은 종류의 사업을 하는 경우
② 거주자가 하던 사업을 법인으로 전환하여 새로운 법인을 설립하는 경우
③ 폐업 후 사업을 다시 개시하여 폐업 전의 사업과 같은 종류의 사업을 하는 경우
④ 사업을 확장하거나 다른 업종을 추가하는 경우 등 새로운 사업을 최초로 개시하는 것으로 보기 곤란한 경우

이와 관련해서 헷갈리는 부분이 있다면 세무사와 미리 상의해서 창업하기 바란다. 창업중소기업감면을 적용받느냐 받지 못하느냐에 따라 내야 하는 세금이 적게는 수백만원에서 많게는 25억원(5년간)까지 차이가 난다. 한 번의 선택으로 수십억원의 세금을 절약할 수도 있고 그렇지 못할 수도 있다. 그렇기에 창업 전에 세무사에게 충분히 검토받고 창업해야 한다.

유튜브
창업중소기업 세액감면
활용하면 세금이 0원

> 자주하는 질문

## 비상주 공유오피스에 창업해도 창업중소기업감면 받을 수 있을까?

최근 공유오피스에서 사업장을 빌려서 창업하는 경우도 많다. 공유오피스란 큰 공간 안에 여러 개의 사무실을 만들고 회의실이나 탕비실 같은 공간은 함께 사용하는 사무실이다. 쉽게 생각하면 고시원처럼 방이 수십 개이면서 주방이나 샤워실 등을 공유하는 것과 같다. 공유오피스는 단독으로 사무실을 빌리는 것보다 저렴하다 보니 이용자가 점점 많아지고 있다. 특히 처음 개업하는 경우 부담 없이 빌릴 수 있어 인기가 많다.

공유오피스를 임대하는 방식은 크게 2가지다. 첫째, 임차인이 상주하는 방식으로 특정 호실을 임차하는 경우다. 각 호실은 칸막이나 유리 등으로 구분되어 있다. 작게는 1평에서 크게는 10평 이상으로 임대면적마다 가격이 다르다.

둘째, 임차인이 비상주하는 방식이다. 임차인이 특정 공간을 빌린 게 아니라 공용공간에 있는 책상 1개 정도를 빌리는 것이다. 그래서 한 달 임대료가 보통 3만원에서 10만원 사이로 저렴하다. 그래서 매일 출근하는 게 아니라 임차인이 필요할 때만 방문해서 사무 처리를 하는 경우가 많다.

공유오피스 중에 상주 오피스는 창업 감면을 받는 데 전혀 문제가 없다. 사업자가 상시로 임차한 공간에서 업무를 보기 때문이다. 문제는 비상주 공유오피스다. 비상주 오피스는 특성상 임차인인 사업자가 자주 내방하지 않는다. 그러다 보니 실제 사업장인지 여부가 문제가 된다. 세법상 사업장의 정의는 '사업자 또는 그 사용인이 상시 주재하여 거래의 전부 또는 일부를 행하는 장소'라고 돼 있다. 그래서 사무실 주소만 빌리고 실제로 비상주 오피스에서 일을 하지 않는 경우 창업 감면을 받는 데 문제가 될 수 있다.

왜냐하면 창업 감면의 경우 창업 지역에 따라 감면 여부와 감면율이 크게 달라지기 때문이다. 예를 들어 25년에 서울 강서구 가양동에 사는 청년이 본인의 집에서 통신판매업(인터넷쇼핑몰)을 창업한 경우 소득세 50%를 5년간 감면받을 수 있다. 그런데 만약 수도권과밀억제권역 밖인 경기도 김포시에 있는 비상주 공유오피스에 사업장을 낸 경우 소득세를 100%씩 5년간 감면받을 수 있다. 이처럼 창업 지역에 따라 감면율이 크게 달라지기 때문에 사업장 여부가 중요하다.

그럼 비상주 공유오피스에 창업을 한 경우 사업장으로 인정받지 못하는 걸까? 그건 아니다. 비상주라고 해도 사업자가 자주 가서 일한 증거를 남긴다면 감면받을 수 있다. 따라서 공유오피스에 있는 공용 책상에서 근무도 하고 사무실 와이파이로 접속해서 세금계산서를 발행하는 게 좋다. 홈택스에서 전자세금계산서를 발행하면 IP주소가 자동으로 모두 기록된다. 이를 사업자가 사업장에서 일한 근거로 쓸 수 있다. 그리고 공유오피스에서 근무하면서 근처에서 커피도 마시고 식사도 하면서 카드영수증도 모아 두면 좋다. 이처럼 비상주 오피스라고 하더라도 근무한 기록들을 최대한 자세하게 준비해 놓으면 된다. 그러면 나중에 창업 감면 때문에 세무조사를 받더라도 대비할 수 있다.

결론적으로 비상주 공유오피스라고 해서 창업 감면을 못 받는 것은 아니지만 나중에 소명해야 할 수도 있고 세무조사를 받을 수도 있다. 그래서 창업감면을 받는다면 비상주 공유오피스보다는 가급적 상주하는 사무실을 빌려서 창업하는 게 좋다. 소득세나 법인세 감면금액이 적게는 수백만 원에서 많게는 수억원 차이가 나기에, 단기적으로는 비용이 더 들겠지만 장기적으로 문제될 소지를 없애면서 마음 편하게 사업하는 게 좋다.

유튜브
비상주 공유오피스
이거 모르면 세금폭탄

## 002 부가가치세 과세 vs 면세는 무슨 차이예요?

처음에 사업자를 내면 부가가치세가 무엇인지 쉽게 이해되지 않는다. 사업자 입장에서 부가세란 물건 값의 10%를 고객에게 받아서 그걸 모았다가 한꺼번에 내는 것이다. 6개월 동안 물건을 1억 1천만원어치 팔았다고 해 보자. 그러면 그중 1억은 공급가액이고 1천만원은 부가세다. 그래서 1천만원을 부가세로 납부해야 한다.

부가세 과세와 면세의 차이를 왜 알아야 할까? 사업자등록을 할 때 과세사업자를 면세사업자로 잘못 냈다고 해 보자. 그러면 나중에 물건 판매가격의 10%를 부가세로 따로 내야 한다. 1억원치를 면세로 잘못 신고했다면 부가세 1천만원을 별도로 내야 한다. 뿐만 아니라 가산세까지 추가로 내야 한다. 그래서 처음에 사업자를 정확히 내는 게 중요하다. 사업자를 처음 낼 때 부가세 과세인지 면세인지는 사장님이 직접 체크하는 것이다. 세무공무원이 안내는 해 주겠지만 설사 그게 잘못되었더라도 공무원은 책임지지 않는다. 정확히 하려면 미리 과세인지 면세인지를 세무사에게 상담받고 사업자를 내기 바란다.

| 업종 또는 품목 | 과세(10%) | 면세(0%) |
|---|---|---|
| 상품 | 대부분의 공산품 | 미가공 농산물, 축산물, 수산물, 임산물 |
| 학원 및 체육시설 | 헬스장, PT샵 | 주무관청의 허가, 인가, 등록, 신고학원 초,중,고 교과학원, 태권도장, 합기도장 |
| 병원 | 미용, 성형 | 일반적인 의료용역 |
| 임대업 | 상가, 공장 | 주택임대 |

　대략 위의 표와 같이 구분하면 된다. 헷갈리는 부분은 세무사와 반드시 상의해서 사업자를 내기 바란다.

　과세와 면세 제품을 모두 파는 경우 사업자를 어떻게 내야 할까? 그럴 때는 과세사업자로 내야 한다. 과세사업자로 사업자를 등록하고 부가세 신고할 때 면세 매출도 같이 신고하는 것이다. 예를 들어 마트를 한다면 과자나 라면은 부가세가 있고 야채나 생선은 부가세가 없다. 이럴 때는 과세 사업자로 사업자등록을 해야 한다.

## 003 일반과세자 vs 간이과세자 어떤 게 유리할까?

인터넷으로 볼펜과 같은 문구류를 판다고 해 보자. 문구류는 부가세가 과세되므로 업태에는 소매업, 종목에는 인터넷쇼핑몰(통신판매업)으로 사업자를 내면 된다. 그런데 일반과세자와 간이과세자 중에서 어떤 게 유리할까? 결론부터 말하자면 초기 시설 투자가 거의 없다면 가급적 간이과세자가 유리하다. 왜냐하면 간이과세자가 부가세를 훨씬 적게 내기 때문이다.

|  | 일반과세자 | 간이과세자 |
| --- | --- | --- |
| 부가가치세 세율 | 10% | 1.5%~4% |
| 신고기간 | 개인 상반기 7월, 하반기 1월<br>법인은 분기별로 1,4,7,10월 | 1년분을 다음해 1월 |
| 부가세 납부면제 | 없음 | 연매출 4,800만원 미만 |

인터넷쇼핑몰을 해서 매출이 1억(매입 없다고 가정)이면 일반과세자의 부가세는 10%인 1천만원이다. 반면, 간이과세자는 1.5%인 150만원밖에 되지 않는다. 그래서 간이과세자가 훨씬 유리하다. 그런데 간이과세자의

연매출이 1억 400만원 이상(연 환산)일 경우에는 다음 해 7월부터 일반과세자로 바뀐다.

그렇다고 간이과세자가 무조건 좋은 것은 아니다. 사업 초기에 건물을 지었거나 인테리어를 크게 했다면 부가세 매입 세액을 많이 낸다. 예를 들어 건물을 지으면서 공사비 5억 5천만원 지출했다고 하면 그중 5천만원은 부가세다. 일반과세자로 사업자등록을 하면 부가세 5천만원을 전액 공제받을 수 있다. 그래서 매출이 없다면 5천만원을 환급받을 수 있다. 그런데 간이과세자는 부가세 환급을 받을 수 없다. 이런 경우 간이과세자로 사업자등록을 했다면 5천만원을 한 푼도 환급받을 수 없다. 나중에 일부 환급받는 방법이 있지만 일반과세를 낸 경우에 비하면 손해다.

또한 모든 업종이 간이과세자로 사업자를 낼 수 있는 것은 아니다. 도매업이나 제조업, 전문직 서비스업과 특정 지역은 법적으로 간이과세자가 나오지 않는다.

위와 같은 여러 요인을 고려하여, 초기 시설투자 유무와 예상 매출액에 따라 간이과세자로 할지 일반과세자로 할지를 세무사와 상의해서 결정하는 게 좋다.

## 004 사업자등록하는 방법

개인이나 법인 모두 사업자등록은 개업일로부터 20일 이내에 해야 한다. 영업을 개시하기 전에도 사업자등록을 할 수 있다. 상가나 오피스텔을 임대할 예정으로 분양을 받거나 신축을 하는 경우다. 분양가 중 건물가액이 1억 1천만원(부가세 포함)이라고 하면 1천만원의 부가세를 환급받을 수 있다. 그래서 계약금을 지불하는 동시에 사업자등록을 신청하고 부가세 신고를 하면 된다.

### 업종(업태와 종목) 정하는 방법

업종은 업태와 종목으로 나누어진다. 업태란에는 사업이 속한 산업을 적는다. 종목에는 구체적으로 취급하는 품목을 적는다. 예를 들어 인터넷쇼핑몰이면 업태에는 '소매업', 종목에는 '전자상거래(인터넷쇼핑몰)'로 적는다. 일식집의 경우 업태에는 '음식점', 종목에는 '일식'. 만약 두 가지 이상의 업종을 하는 경우 주업종과 부업종으로 나눠서 적는다.

### 사업장 주소와 임대차 계약서

사업자등록을 하기 위한 사업장주소는 원칙적으로 사무실 또는 상가, 공장을 소유하거나 빌려야 한다. 하지만 예외적으로 인터넷쇼핑몰이나 소규모 인테리어 사업, 개인용달 등 영업 장소가 필요하지 않은 경우 본인의 거주지로도 사업자등록을 신청할 수 있다.

하지만 음식업이나 제조업 등은 별도의 사업장이 반드시 있어야 하기 때문에 임대하거나 자가로 사업장을 마련해야 한다. 임대하는 경우 임대차 계약서 사본을 첨부해야 하고 자가인 경우 매매계약서 또는 부동산등기사항증명서(인터넷등기소에서 발급가능)을 가져가면 된다.

### 사업자등록 신청 필요서류
**① 개인 및 법인 공통 서류**

대표자 신분증, 사업자등록신청서, 부동산임대차 계약서 사본(자가인 경우 매매계약서 또는 부동산등기사항증명서), 신고 및 인허가 업종일 경우 – 신고증, 허가, 등록, 신고필증 사본

**② 법인 필요서류**

법인정관 사본, 주주명부, 법인등기사항증명서, 법인인감도장, 법인인감증명서

사업자등록은 전국 세무서 민원실에 어디에서나 모두 신청할 수 있고 보통 영업일 기준으로 3일 내에 나온다. 사업장이 속한 관할 지역의 세무서에서 접수하면 가장 빨리 나온다.

홈택스로도 사업자등록을 신청할 수 있다. 홈택스 [증명·등록·신청] – [개인(법인)사업자등록 신청]에서 입력하고 첨부 서류를 사진 또는 PDF 파일로 제출하면 된다.

# 005 부부 또는 가족과 함께 사업할 때, 공동사업자나 직원 중 어떤 방식이 좋나요?

부부 또는 가족과 같이 사업을 하는 경우가 있다. 직원에 대한 인건비도 절약하고 믿고 의지할 수 있기에 이런 경우가 더 많아지고 있다. 가족과 같이 사업하는 경우 어떻게 하면 세금을 줄일 수 있을까? 공동사업자로 내는 방식과, 한 명이 사업자등록하고 가족을 직원으로 고용하는 방식 두 가지를 소개한다.

### 공동사업자로 사업자등록하기

부부가 같이 사업을 하는 경우 공동사업자로 사업자등록을 할 수 있다. 처음 사업자등록할 때부터 공동사업자로 등록할 수도 있고 중간에 단독사업자에서 공동사업자로 변경할 수도 있다.

단독사업자일 때와 비교해서, 공동사업자로 등록하면 부가세는 동일하지만 소득세가 줄어든다. 사업체의 순이익이 2억원이라고 하면 단독사업일 때는 소득세(지방세 포함) 6천166만원이 나오지만 공동으로 하면 4천 303만원이 나와, 대략 1천863만원의 세금이 줄어든다. 소득세가 누진

세율로 1,400만원이하 6%, 1,400~5,000만원 15%, 5,000~8,800만원 24%, 8,800~1억5,000만원 35%, 1억5,000만원~3억은 38%가 적용되기 때문이다.

|  | 단독사업자 | 부부 공동사업자 |
|---|---|---|
| 순이익 | 2억원 | 1억원 × 2명 |
| 총세금(지방세포함) | 61,666,000원 | 43,032,000원<br>(=21,516,000원 × 2명) |

**단독사업자의 세금**
- 과세표준: 200,000,000원
- 소득세 계산:
  200,000,000원 × 38%(세율)−19,940,000(누진공제)=56,060,000원
  (150,000,000원~300,000,000원 이하 구간 적용)
- 지방세(소득세의 10%): 56,060,000원 × 10%=5,606,000원
- 총 세금: 56,060,000원 + 5,606,000원 = 61,666,000원

**공동사업자(지분 50%)의 세금**
- 공동사업자 1인의 과세표준:
  200,000,000원×50%=100,000,000원
- 소득세 계산:
  100,000,000원×35%(세율) −15,440,000원(누진공제)=19,560,000원
  (88,000,000원 초과 ~ 150,000,000원 이하 구간 적용)
- 지방세(소득세의 10%): 19,560,000원×10%=1,956,000원
- 공동사업자 1인의 세금: 19,560,000원+1,956,000원=21,516,000원
- 공동사업 전체 총세금: 21,516,000원 × 2= 43,032,000원

### 배우자를 정규직으로 고용하고 4대보험 가입하기

사업자등록은 부부 중 1명이 하고 다른 배우자를 정규직 직원으로 채용하는 방식도 있다. 그러면 배우자에 대한 인건비를 정확히 통장으로 입금하며, 원천세 신고를 하고 4대 보험에도 가입시킨다. 4대 보험은 국민연금, 건강보험, 고용보험, 산재보험인데 일반적으로 배우자의 경우 국민연금과 건강보험만 가입이 된다. 이처럼 배우자를 직원으로 등록하면 인건비를 비용 처리할 수 있어 소득세를 절세할 수 있다. 다만, 본인과 배우자 모두 건강보험 직장가입자가 되어 각각에게 건강보험료가 부과되기에 보험료 부담이 커진다.

### 실제 같이 근무하는 객관적인 근거를 남길 것

이처럼 부부가 같이 사업을 하면 소득세를 절약할 수 있다. 하지만 세무조사를 받는 경우 실제 근무 사실을 입증하지 못해 공동사업자 또는 직원으로 인정받지 못하는 경우도 발생한다. 억울한 상황에 처하지 않으려면 가족이 실제로 근무한 기록을 남겨 두어야 한다. 예를 들면 출퇴근 기록, 근무 일지, 거래처 통화 내역, 출장 일지 등을 남겨두는 게 좋다. 또 사무실이나 근무현장에 배우자의 근무 위치와 자리를 정해두고 사용하는 것이 바람직하다. 객관적으로 봤을 때 실제 근무 사실을 입증할 수 있어야 한다.

유튜브
공동사업자, 가족인건비 신고
feat. 동업계약서 작성방법

# 006 피같은 임차보증금 지키는 방법
## – 상가 확정일자

사장님이 상가를 빌렸는데 임대인의 빚 문제로 건물이 경매에 넘어간다면 어떻게 될까? 최악의 경우 임대보증금을 날릴 수도 있고 사업을 못할 수도 있다. 이런 불상사를 미연에 방지하려면 상가 확정일자를 받아야 한다. 확정일자를 받아야 우선변제권이 생긴다. 우선변제권이란 확정일자 이후에 설정된 근저당이나 다른 채권자들보다 우선해서 보증금을 받을 수 있는 권리다.

상가 임차보증금에 대한 대항력과 우선변제권을 인정받으려면 건물의 인도와 사업자등록 신청, 확정일자 받기 이렇게 3가지를 해야 한다.

### 1) 건물의 인도

건물의 인도란 임차인이 건물에 입주하는 것을 말한다. 임대차 계약서상 임차 시작일에 입주하면 건물의 인도가 된 것이다.

### 2) 사업자등록 신청

입주와 동시에 사업자등록을 신청해야 한다. 사업자등록에 필요한 기본서류는 신분증과 임대차 계약서다.

### 3) 확정일자 받는 방법

확정일자란 관할 세무서장이 임대차 계약서의 존재를 인정하여 임대차 계약서에 기입한 날짜를 말한다.

**① 신규 사업자 확정일자 신청서류**
㉠ 사업자등록신청서
㉡ 임대차 계약서 원본

**② 기존 사업자 확정일자 신청서류**
㉠ 확정일자 신청서
㉡ 임대차 계약서 원본

사업자등록신청서에 보면 확정일자를 신청할 것인지 여부를 체크하는 곳이 있다. 거기에 확정일자 신청을 체크한 후, 세무서로부터 확정일자 도장을 임대차 계약서 원본에 받으면 된다.

### 4) 확정일자 가능한 임차보증금 범위

상가건물 임대차보호법에 따라 일정 금액 이하의 환산보증금까지만 확정일자를 받을 수 있다. 환산보증금 = 보증금 + (월세 × 100) 이다. 보증금 5천만원에 월세 100만원일 경우 환산보증금은 5천만원 + (100만원 × 100) = 1억5천만원이다. 지역별로 환산보증금의 상한선이 정해져 있다. 가급적이면 환산보증금 한도 내에서 상가를 빌리는 게 좋다.

| 지역 | 환산보증금 한도 |
| --- | --- |
| 서울특별시 | 9억원 |
| 수도권 과밀억제권역 및 부산광역시 | 6억9천만원 |
| 광역시(부산 제외), 세종시, 파주시, 화성시, 안산시, 용인시, 김포시 및 광주시 | 5억4천만원 |
| 그밖의 지역 | 3억7천만원 |

## 007 현금영수증 가맹점 등록 안 하면 세금 폭탄

　소비자를 상대로 하는 업종이면 현금영수증 가맹점에 가입해야 한다. 소비자 상대업종이란 마트, 음식점이나 인터넷쇼핑몰, 학원, 병·의원처럼 소비자와 직접적으로 거래하는 사업자를 말한다.
　개인사업자의 직전 연도 매출이 2천400만원 이상인 경우 과세기간의 말일로부터 3개월 안에 현금영수증 가맹점에 가입해야 한다. 병·의원이나 변호사, 법무사 등 전문직, 현금영수증 의무 발행업종은 사업개시일로부터 60일 안에 가입해야 한다. 쉽게 생각하면 사업을 시작하면서 동시에 현금영수증 가맹점에 가입하면 된다.

　현금영수증은 언제 발행해야 할까? 소비자가 현금영수증을 신청하면 1원 이상 무조건 발행해야 한다. 일반적인 업종의 경우 고객이 현금영수증을 원하지 않는 경우 발행하지 않아도 된다. 그러나 현금영수증 의무 발행업종은 10만원 이상 거래의 경우 소비자가 원하지 않더라도 무조건 발행해야 한다. 현금영수증 의무 발행업종은 변호사, 법무사 등 전문직부터 인테리어 사업자까지 다양하다. 의무 발행업종인지 여부는 국세청 홈페이지를 검색해 보면 알 수 있다.
　만약 소비자의 전화번호나 주민등록번호를 몰라서 발행을 못할 수도 있다. 그러면 국세청 자진 발급 번호 010-000-1234를 입력해서 자진 발급하면 된다. 만약 현금영수증을 발행하지 않을 경우 최대 20%의 가산세를 내야 한다. 100만원짜리 물건을 팔고 가산세만 20만원을 물어야 하는 것이다.

현금영수증 가맹점은 신용카드 단말기를 설치하면 자동으로 가입이 된다. 그런데 카드 단말기가 없는 경우도 있다. 그럴 때는 홈택스에서 가입하면 된다. 홈택스에 로그인 후 [계산서·영수증·카드] – [현금영수증(가맹점)] – [발급] – [현금영수증 발급 사업자 신청]에서 가입하면 된다.

현금영수증을 가맹하지 않을 경우 엄청난 불이익을 받을 수 있다. 그것은 바로 창업중소기업 세액감면을 못 받는다는 것이다. 책 초반에 말했지만 창업 감면은 수억원의 세금을 절약할 수 있는 가장 좋은 방법이다. 그런데 현금영수증 가맹점에 가입하지 않으면 창업감면을 받지 못한다. 예를 들어 인테리어 업종(실내건축 및 건축마무리 공사업)은 창업중소기업 세액감면 대상이다. 그러나 연령과 지역 조건을 모두 갖췄어도 현금영수증 가맹점에 가입하지 않은 경우 감면을 받지 못한다. 최악의 경우 수억원을 날릴 수도 있다. 사업을 시작하면 바로 현금영수증 가맹점부터 가입하자.

유튜브
개인사업자 등록하고 무조건 해야 할 일
(현금영수증 가맹점등록)

# 008 사업용 계좌 등록 안 하면 세금 폭탄

　개인사업체를 운영하는 사장님이 사업용 계좌를 신고하지 않았다가 1억 넘게 손해 볼 수도 있다. 복식부기 의무자가 사업용 계좌를 세무서 또는 홈택스에 신고하지 않은 경우 창업중소기업 세액감면이나 중소기업 특별세액감면 등 세액 감면을 받을 수 없기 때문이다. 청년창업의 경우 소득세를 100% 감면해 주기 때문에 감면 금액이 1억원이 넘는 경우도 많다. 만약 사업용 계좌를 신고하지 않은 경우 이러한 세금 혜택을 볼 수 없기 때문에 각별한 주의가 필요하다.

　사업용 계좌 신고 의무 대상자는 복식부기 의무자이다. 전년도 매출액 기준으로 아래 금액 이상인 경우 복식부기 의무자가 된다. 예를 들어 인터넷쇼핑몰을 운영하는 사업자가 24년에 매출액이 3억원 이상이면 25년에 복식부기 의무자가 된다. 전문직사업자는 개업과 동시에 복식부기 의무자가 된다.

| 업 종 | 24년 매출액 기준 |
|---|---|
| 도매 및 소매업(상품중개업 제외),<br>부동산매매업, 농업, 임업 등 | 3억원 |
| 제조업, 숙박 및 음식점업, 건설업, 운수업 및 창고업,<br>정보통신업상품중개업 등 | 1억 5천만원 |
| 부동산 임대업, 전문·과학 및 기술 서비스업<br>(변호사, 노무사, 감정평가사 등), 교육서비스업(학원),<br>보건업 및 사회복지서비스업, 인적용역(프리랜서) 등. | 7천500만원 |

### 1) 사업용 계좌 신고 기한

복식부기 의무자가 된 연도의 시작일로부터 6개월 이내에 해야 한다. 예를 들어 한식당을 하는 사장님이 24년 매출액이 1.5억원이 넘었다면 25년 6월 30일까지 사업용 계좌를 신고해야 한다.

### 2) 사업용 계좌 요건

금융기관에서 개설한 계좌로 개인 명의 또는 사업장 명의 모두 가능하다. 기존에 사용하던 계좌를 써도 되고 신규로 계좌를 개설해도 된다. 신규로 사업용 계좌를 만들려면 신분증과 사업자등록증 사본, 도장을 갖고 은행에 방문하면 된다.

### 3) 사업장별 사업용 계좌 신고

복식부기 의무자로써 사업장이 여러 개인 경우 각 사업장마다 사업용 계좌를 신고해야 한다. 1개 계좌를 여러 사업장에 등록할 수도 있고 사업장마다 다른 계좌를 사용해도 무방하다. 가급적이면 1개 사업장에 1~2개의 사업용 계좌를 사용하는 게 관리하기 편리하다. 물론 1개 사업장에 여러 개의 사업용 계좌를 등록해서 사용할 수도 있다. 홈택스에서 사업용 계좌 개설을 검색해서 거기에 계좌번호를 등록하면 된다.

### 4) 사업용 계좌 사용 용도

사업과 관련한 매출과 매입 관련 송금 또는 입금 거래 및 인건비와 임차료는 의무적으로 사업용 계좌를 사용해야 한다. 세금계산서 또는 카드, 현금영수증으로 매출한 대금은 모두 사업용 계좌로 받아야 한다. 쉽게 생각해서 사업과 관련해서 받는 금액과 줄 금액 모두 사업용 계좌를 이용해야 한다.

### 5) 사업용 계좌 관련 가산세

**① 사업용 계좌를 사용하지 않은 경우**

미사용금액의 0.2%를 가산세로 부과

**② 사업용 계좌 무신고 한 경우**

㉠ 해당과세기간 수입금액 × 미신고기간/365 × 0.2%

㉡ 거래대금, 인건비, 임차료 등 사용대상금액의 합계액 × 0.2%

㉠과 ㉡중 큰 금액을 가산세로 부과

유튜브
개인사업자 등록하고 무조건 해야 할 일
(사업용계좌 등록)

# Part 2
# 사업자가 꼭 알아야 할 세금 종류와 신고 기간

사업을 처음 시작하면 영업하기도 바쁘다. 그러다 보면 세금 신고 기한을 놓쳐 낭패 보는 경우가 많다. 그래서 사장님이 기본적으로 알아야 할 세금과 신고 기한에 대해 알려드리겠다.

**첫째, 부가세가 있다.**

부가세는 간이과세자는 1년에 1회, 개인 일반과세자는 반기마다 1회씩 1년에 2회 신고해야 한다. 법인은 원칙적으로 분기마다 신고해서 4회 신고해야 한다.

**둘째, 소득세는 1년에 1회 신고한다.**

매년 1월부터 12월 31일까지 소득을 합쳐서 다음 해 5월 1일부터 31일까지 신고한다. 성실신고 확인 대상 사업자는 6월 30일까지 신고할 수 있다.

**셋째, 직원을 채용하면 월급에서 미리 세금을 공제하고 급여를 지급해야 한다.**

그 세금을 원천세라고 한다. 원천세는 급여를 지급한 달의 다음 달 1일부터 10일까지 신고하고 납부해야 한다.

**넷째, 직원이 있으면 4대보험에 가입해야 한다.**

국민연금, 건강보험(장기 요양 보험), 고용보험, 산재보험이 있다.

**다섯째, 4대보험료를 줄이려면 두루누리 사회보험에 가입해야 한다.**

4대보험에 가입하면서 해당되는 직원이 있으면 동시에 신청하면 된다. 그리고 비과세 급여를 활용하면 4대보험을 줄일 수 있다.

# 001 부가세와 신고납부기한

| | 1기 | | 2기 | |
|---|---|---|---|---|
| 개인 일반과세자 (*소규모법인) | 1.1~6.30 (신고기한 7.1~25) | | 7.1~12.31 (신고기한 1.1~25) | |
| | 예정 | 확정 | 예정 | 확정 |
| 법 인 | 1.1~3.31 (신고기한 4.1~25) | 4.1~6.30 (7.1~25) | 7.1~9.30 (10.1~25) | 10.1~12.31 (1.1~25) |
| 간이과세자 | 1.1~12.31(다음해 1.1~25) | | | |

\* 소규모법인: 직전 반기 매출액 1.5억원 미만인 사업자

　개인 일반과세자는 7월 1일부터 25일까지 상반기 부가세 신고를 한다. 그 전 4월에 예정 고지가 있다. 예정 고지란 1월에 납부한 금액의 절반을 세무서에서 고지하는 것이다. 신고할 필요 없이 세무서에서 자동으로 납부서를 발송하며, 예정 고지 금액이 50만원 이상이면 4월 1일부터 25일까지 예정 고지를 납부해야 한다. 예정 고지로 납부한 금액은 7월에 신고할 때 그만큼 차감시켜 준다. 하반기는 다음 해 1월 1일부터 25일까지 신

고한다. 중간에 10월에 예정 고지가 있다.

소규모법인도 개인 일반과세자와 마찬가지다. 직전 반기 매출액이 1억5천만원 미만인 법인을 소규모법인이라고 한다. 이 경우 상반기 하반기 각각 한번씩 부가세 신고를 하면 된다. 중간에 4월과 10월에 예정고지가 있다.

일반 법인은 분기마다 부가세 신고를 한다. 1분기는 4월 25일, 2분기는 7월 25일, 3분기는 10월 25일, 4분기는 1월 25일까지 각각 신고 및 납부해야 한다.

개인 간이과세자는 1년에 1회만 신고한다. 1년 치 내역을 다음 해 1월 1일부터 25일까지 신고한다. 중간에 7월에 예정 고지가 있다.

**유튜브**
부가세 신고기간, 예정신고,
예정고지, 조기환급

**참고 사항**

# 면세 사업자
# 사업장현황신고

개인 면세 사업자의 경우 사업장현황신고를 해야 한다. 병·의원, 치과, 한의원 등 의료업, 학원, 농·축·수산물 도소매업, 주택 임대 사업자 등 면세 사업자가 해당된다. 사업장현황신고란 직전년도 매출액과 사업장 현황을 다음 해 1월 1일부터 2월 10일까지 신고하는 것이다. 만약 신고를 하지 않을 경우 가산세를 물어야 하니 꼭 신고 기간을 지켜야 한다.

법인 면세 사업자는 사업장현황신고 의무는 없다. 그러나 면세법인은 다음 해 2월 10일까지 전년도 매출 계산서 합계표와 매출 계산서 및 매입(세금) 계산서 합계표를 제출해야 한다. 만약 제출하지 않으면 공급가액의 0.5%의 가산세를 물어야 할 수도 있다.

## 002 종합소득세 신고납부 기한과 소득의 종류

　종합소득세는 전년도 1년 치 소득을 다음 해 5월에 신고한다. 예를 들어 25년 1월 1일부터 12월 31일 해당되는 소득은 26년 5월에 신고한다. 성실신고 확인 대상 사업자는 1개월의 기간을 더 받아 6월 30일까지 신고한다. 만약 납부 기한을 놓치면 20%의 무신고가산세를 물어야 하니 주의해야 한다. 세금이 1억이라면 가산세만 2천만원이다. 만약 날짜를 놓쳤다면 1개월 안에 신고하자. 납부 기한 지난 후 1개월 내에는 가산세를 절반 깎아 주기에 10%의 무신고가산세만 내면 된다.

　종합소득세는 소득에 해당하는 것을 전부 합쳐 한꺼번에 신고하는 것이다. 그래서 종합이다. 종합 선물 셋트를 생각하면 된다. 예외적으로 퇴직소득과 양도소득은 제외된다. 합쳐서 신고해야 하는 소득은 사업소득, 근로소득, 연금소득, 기타소득, 이자 및 배당소득(2천만원 초과 시)이다. 각각의 소득이 무엇인지 알아 보도록 하자.

**첫째, 사업소득이다.**

　사업자등록을 하고 버는 소득이 바로 사업소득이다. 사업자등록이 없더라도 인적용역 예를 들면 보험설계사, 자동차 영업사원의 수입도 사업소득에 해당된다.

### 둘째, 근로소득이다.

회사에 근로를 해 준 대가로 받는 것이 바로 근로소득이다. 단, 일용직 근로소득은 분리과세로 종합소득세에서 제외된다.

### 셋째, 연금소득이다.

연금소득은 공적연금과 사적연금으로 구분된다. 국민연금은 2001년 이전 납입분은 비과세이고 2002년 이후 납입분은 과세된다. 그래서 2002년 이후 국민연금은 종합소득세에 합쳐서 신고해야 한다. 사적연금은 연간 수령액이 1천500만원 이하면 저율 분리과세(3~5%) 또는 종합과세를 선택할 수 있다. 1천500만원 초과하면 종합과세나 고율 분리과세(15%) 중에서 선택할 수 있다.

### 넷째, 기타소득이다.

강의나 용역을 일시적으로 제공하고 받는 소득이다. 기타소득은 소득금액 300만원을 기준으로 나눠진다. 소득금액은 번 금액에서 필요경비를 제한 것으로, 강사비를 연간 750만원 받았다고 하면 필요경비로 60%인 450만원을 공제해 준다. 그러면 750만원에서 450만원을 뺀 300만원이 기타소득금액이다. 기타소득금액이 300만원 이하면 20%로 원천징수하고 분리과세 하거나 종합과세를 선택할 수 있다. 기타소득금액이 300만원을 초과하는 경우에는 다른 소득과 합쳐서 종합과세해서 신고해야 한다.

**다섯째, 이자소득이다.**

은행에서 받는 정기적금이나 예금이자, 채권이자 등을 말한다.

**여섯째, 배당소득이다.**

사장님이 주식에 투자할 때 거기에서 이익을 분배해서 발생하는 소득이다. 이자와 배당소득을 합쳐서 금융소득이라고 한다. 2개를 합쳐서 2천만원 이하면 은행에서 15.4%(지방세 포함)의 세금을 떼고 종합과세에 합쳐지지 않는다. 이자가 1천만원이라면 154만원을 은행에서 미리 공제하고 나머지 846만원만 주는 것이다. 그런데 금융소득이 2천만원을 초과하는 경우 종합과세에 해당하므로 다른 소득과 합쳐서 종합소득세로 신고해야 한다.

## 003 정규직, 인적용역, 일용직 있으면 **원천세 신고**

사장님이 사업을 하면서 직원을 고용하게 되면 인건비 신고를 해야 한다. 그것을 원천세 신고라고 하며, 급여를 지급한 다음 달 10일까지 신고해야 한다. 인건비는 크게 정규직과 사업 소득자(프리랜서), 일용직으로 나뉜다. 고용 형태에 따라 4대보험 가입 의무와 신고 방법이 달라진다.

### 1) 정규직

계약기간이 1개월 이상이거나 근로기간에 제한이 없는 근로자가 정규직이다. 4대보험에 의무적으로 가입해야 한다. 4대보험은 국민연금, 건강보험(장기 요양 보험 포함), 고용보험, 산재보험이다.

### 2) 사업 소득자(프리랜서 또는 인적용역)

직원이 아니라 특정한 인적용역이나 서비스를 제공하는 사람에게 인건비를 주는 경우 사업 소득자(프리랜서)로 신고할 수 있다. 예를 들어 자동차 영업사원에게 실적만큼 수당을 지급한다든가 학원강사에게 강사비를 주는 경우가 여기에 해당된다. 이럴 경우 4대보험 가입 의무는 없다.

인건비를 지급하면서 지급 대가의 3.3%를 소득세와 지방세로 원천징수해서 납부해야 한다. 100만원을 지급할 경우 3만3천원을 공제한 나머지 96만7천원을 지급한다. 원천징수한 3만3천원은 다음 달 10일까지 원천세로 납부해야 한다.

### 3) 일용직을 고용한 경우

일용직이란 하루 단위로 인력을 고용해, 일당을 지급하는 경우다.

### ① 근로일이 월간 7일 이하면서 60시간 미만인 경우

이 경우에는 고용보험과 산재보험만 가입하면 된다. 고용보험은 근로자가 0.9%, 사업자가 1.15%를 부담하고 산재보험료는 전액 사업주가 부담한다.

### ② 월간 8일 이상 또는 60시간 이상인 경우 또는 2개월 이상 연속하여 근무하는 경우

국민연금, 건강보험, 고용보험, 산재보험을 모두 가입해야 한다.

### 4) 원천세 신고

원천세 신고란 인건비 지급액에 대해 세무서에 신고하는 것을 말한다. 원천세 신고는 매월 하는 것이 원칙으로, 급여 지급일의 다음 달 1일부터 10일까지 해야 한다. 근로소득자 00명 지급액 000원, 사업소득자 00명, 지급액 000원, 일용근로자 00명 지급액 000원과 같은 방식으로 몇 명의 인원에게 총 얼마를 지급했는지 원천징수이행상황신고서를 제출해야 한다.

### 5) 비과세 급여

비과세 급여를 활용하면 좋다. 근로자 입장에서는 4대보험, 소득세를 내지 않는 항목이라서 좋으며, 사장님 입장에서도 비과세 급여에 대한 부분은 사업자 부담 4대보험료를 내지 않기 때문에 이득이다. 가장 많이 쓰는 비과세 급여는 식대와 자가운전보조금, 출산 또는 6세 이하 자녀 양육 수당이다.

#### ① 식대
음식물을 제공받지 아니하는 근로자가 받는 월 20만원 이하의 식사대

#### ② 자가차량운전보조금
근로자가 소유 또는 임차한 차량을 직접 운전하여 업무 수행에 이용하고 출장여비 등을 받는 대신, 받는 금액은 월 20만원까지 비과세한다. 근로자 본인 명의 또는 근로자 및 배우자와 공동 명의 차량만 가능하다.

#### ③ 출산·보육수당
근로자 또는 배우자의 출산이나 6세 이하(과세 기간 개시일을 기준으로 판단) 자녀의 보육과 관련하여 사용자로부터 받는 급여로서 월 20만원 이내의 금액은 비과세한다.

유튜브
4대보험
절약하는 방법

## 004 4대보험료와 할인받는 방법 (두루누리 사회보험)

정규직 직원이 있는 경우 4대보험에 의무적으로 가입해야 한다. 4대보험은 국민연금, 건강보험(장기요양보험), 고용보험, 산재보험이다. 이 중에서 연금, 건강(장기요양), 고용보험은 사업자와 근로자가 절반씩 부담한다. 산재보험은 업종별로 다른데 회사가 전액 부담한다. 각각의 요율을 알아보자. 근로자 급여에 요율을 곱하면 보험료가 나온다. 직원 부담 보험료는 회사에서 월급을 지급할 때 미리 공제한다. 예를 들어 월급이 300만원이라고 하면 국민연금(4.5%) 135,000원, 건강보험료(3.545%) 106,350원, 장기요양보험료(건강보험료의 12.95%) 13,770원, 고용보험료 27,000원을 각각 공제한 나머지 2,717,880원을 지급하면 된다.

| 2025년 기준 | 회사 부담 | 직원 부담 | 총 요율 |
| --- | --- | --- | --- |
| 국민연금 | 4.5% | 4.5% | 9% |
| 건강보험 | 3.545% | 3.545% | 7.09% |
| 장기요양보험 | (건강보험료의) 12.95% | (건강보험료의) 12.95% | 0.9182% |

| 2025년 기준 | 회사 부담 | 직원 부담 | 총 요율 |
|---|---|---|---|
| 고용보험 | 0.9%<br>(고용안정보험료 0.25% 별도) | 0.9% | 1.8% |
| 산재보험 | 평균 1.47% | 없음 | 업종별 요율 |

### 1) 국민연금

국민연금 직장 가입자 대상은 18세 이상 60세 미만이다. 만약 60세 이상이 되어 취업하는 경우에는 국민연금에 가입하지 않는다. 외국인 근로자도 원칙적으로 적용 대상이다. 단, 예외적으로 적용되지 않는 경우도 있으니 국민연금공단에 문의하면 된다.

### 2) 건강보험(장기요양보험)

직장 가입자는 나이와 관계 없이 건강보험에 무조건 가입해야 한다. 건강보험에 가입할 때 피부양자(배우자, 자녀, 부모님 등)이 있으면 함께 등록할 수 있다.

### 3) 고용보험

고용보험료는 실업급여 보험료와 고용안정 보험료로 나눠진다. 실업급여 보험료는 사장님과 근로자 모두 각각 0.9%씩 납부한다. 회사만 고용안정 및 직업능력개발 사업에 대한 보험료를 0.25%(150인 미만 기업)내내야 한다. 직원이 늘어나면 그만큼 보험료율도 올라간다. 외국인은 체류 자격에 따라 가입 여부가 달라진다. 비자 종류에 따라 다르므로 정확한 것은 고용노동부 대표전화 1350에 문의하면 된다.

### 4) 산재보험

산재보험은 회사가 무조건 가입해야 한다. 직장 내에서 사고로 근로자가 다치거나 질병이 생긴 경우 산재보험을 통해 보상받을 수 있으며, 업종별로 요율이 다르다.

### 5) 두루누리 사회보험(4대보험료 지원 사업)

4대보험료를 줄이려면 정부의 지원 사업을 활용하면 된다. 두루누리 사회보험료 지원사업을 통해서 4대보험료를 지원받을 수 있다. 이 사업은 근로자가 10명 미만인 사업장에 사업주와 근로자의 국민연금과 고용보험료를 각각 80% 지원해 주는 사업이다. 신청은 초반 사업장 성립 신고를 할 때 '국민연금'과 '고용보험 지원사업'에 체크하면 된다. 혹은 해당되는 직원이 입사했을 때 고용산재토탈(https://total.comwel.or.kr) 또는 국민연금 또는 고용보험 홈페이지에서 신청할 수 있다.

#### ① 지원대상

근로자 수가 10명 미만인 사업장에 고용된 근로자 중 월 평균 보수가 270만원 미만(25년 기준)인 신규 가입 근로자와 그 사업주. 지원 대상은 신규가입자로 지원 신청일 직전 1년간 고용보험과 국민연금 자격 취득 이력이 없는 근로자만 해당된다.

#### ② 지원 수준 및 지원 기간

신규 가입 근로자 및 사업주가 부담하는 국민연금과 고용보험료의

80%를 36개월간 지원해 준다.

### ③ 지원 제외 대상 근로자

지원 신청일이 속한 보험연도의 전년도 재산 과세표준액 합계가 6억 원 이상이거나, 지원 신청일이 속한 보험연도의 전년도(소득자료 입수 시기에 따라 보험연도의 전년도 또는 전전년도) 종합 소득이 4천300만원 이상인 경우 지원받을 수 없다.

### ④ 4대보험료 연체는 금물

두루누리 사회보험료 지원을 받으려면 보험료를 연체하면 안 된다. 정부에서는 전월분 보험료 납부를 확인한 후에 다음달 보험료에서 지원 금액을 차감해 주기 때문이다. 만약 4대보험료가 미납되면 지원받을 수 없다.

유튜브
4대보험
절약하는 방법

## 대표자 고용보험, 산재보험 가입하는 방법

원칙적으로 개인 사업장의 대표자는 고용보험 가입 대상이 아니다. 단, 근로자 50인 미만의 사업주는 선택에 의해 고용보험 가입이 가능하다. 단, 부동산임대업, 가사서비스업, 5인 미만 농업·임업·어업·수렵업, 소규모 공사 사업자는 가입할 수 없다.

개인사업자 자영업자 고용보험은 기준 보수액을 정할 수 있다. 기준 보수액은 182만원부터 338만원까지 7단계로 나눠져 있고 월 보험료율은 2.25%로 40,950원에서 76,050원을 내면 된다. 본인이 정한 보수액에 대한 고용보험료를 납부하면 된다. 만약 폐업을 하고 일정 요건을 갖추게 되면 실업급여를 받을 수 있다. 가입은 근로복지공단 방문 또는 고용산재토탈(https://total.comwel.or.kr) 또는 1588-0075에 문의하면 된다.

산재보험도 원칙적으로 법인 대표와 개인사업자 대표는 적용되지 않는다. 다만, 근로자 300명 미만의 법인 대표와 개인사업자는 원하는 경우 산재보험에 가입할 수 있다. 기준 보수액은 244만원부터 785만원까지 정할 수 있다. 보험료율은 업종과 업무에 따라 다르다. 가입은 고용산재토탈 또는 근로복지공단에 방문해서 하면 된다. 특히 사업주인데도 현장에서 같이 업무에 종사하는 경우 가급적이면 산재보험에 가입하는 게 좋다. 사고가 날 경우 산재보험을 적용받을 수 있기 때문에 큰 힘이 된다.

# Part 3
# 부가세 절약하는 방법

**첫째,** 부가세를 절약하기 위해서는 증빙자료를 잘 챙겨야 한다. 세법에서 정한 증빙자료의 종류를 알아보자.

**둘째,** 신용카드로 결제받거나, 현금영수증을 발급하면 1,000만원까지 추가로 부가세 납부세액에서 공제받을 수 있다.

**셋째,** 전자세금계산서(계산서)를 발행하면 부가세를 최대 1년에 100만원 깎아 준다.

**넷째,** 차량만 잘 구입해도 1천만원 절세할 수 있다.

**다섯째,** 신용카드 또는 현금영수증으로 매입해도 부가세가 깎인다.

**여섯째,** 음식업, 카페, 식품제조업은 농산물·축산물·수산물 살 때 계산서도 공제되니 잘 챙겨야 한다.

**일곱째,** 티끌 모아 태산! 전기 요금, 통신료, 도시가스 요금, 정수기 요금 등 사업과 관련해서 사용한 경비는 부가세 공제를 받을 수 있다.

# 001 부가세를 아낄 수 있는 증빙자료 챙기기

부가세를 절약하기 위해서는 매입 자료를 잘 챙겨야 한다. 세법에서 인정하는 적격증빙의 종류로는 다음과 같다.

- 세금계산서
- 계산서(전자, 수기)
- 신용카드(체크카드 포함) 매입 전표
- 현금영수증(지출 증빙용)

개인사업자의 경우 홈택스에 사업용 신용카드를 등록해 두면 자동으로 사용 내역을 볼 수 있다. 신용카드 뿐만 아니라 체크카드도 부가세를 공제받을 수 있다. 개인사업자는 사업자 명의로 받은 카드뿐만 아니라 개인 명의 신용카드도 부가세 공제를 받을 수 있다. 그리고 최대 50개까지 홈택스에 대표자 명의 체크카드, 신용카드, 기업카드를 등록할 수 있는데, 카드를 분실하거나 새로 발급받은 경우 변경해서 등록해야 한다.

현금영수증을 받는 경우 반드시 사업자용(지출 증빙용)으로 발급받아야 한다. 이때 사장님의 핸드폰 번호가 아닌 사업자번호를 알려줘야 한다. 사업장에서 사용하는 전기요금, 통신료, 도시가스 등도 사업자로 명의 변경 하면 세금계산서를 받을 수 있다.

유튜브
부가세 100만원 절약하는
5가지 방법

# 002 신용카드나 현금영수증 발행하면 1년에 최대 1천만원 공제

요새 고객들은 거의 신용카드나 체크카드를 사용한다. 음식점을 가보면 90% 이상이 카드 결제다. 간혹 현금을 내도 현금영수증을 요청한다. 그래서 고객이 신용카드로 결제하거나 현금영수증을 발행하면 1년에 최대 1천만원까지 신용카드발행세액공제를 받을 수 있다.

신용카드발행세액공제는 주로 소비자를 대상으로 하는 업종만 적용받을 수 있다. 예를 들어 소매업, 음식점업, 숙박업, 미용업, 목욕업, 여객운송업, 입장권 발행업, 과세대상 의료보건용역 등 주로 소비자에게 재화나 용역을 공급하는 업종이 대상이다. 제외업종은 제조업과 도매업, 부동산매매업 등이다.

법인사업자는 이에 적용되지 않는다. 개인사업자는 직전연도 공급가액이 10억원 이하인 경우여야 한다. 공제율은 신용카드나 현금영수증으로 결제받은 금액(부가가치세를 포함한 금액)의 1.3%이다. 공제 한도는 부가가치세 납부세액에서 연간 최대 1천만원이다.

## 003 전자로 세금계산서 발행하면 세금 100만원 공제

| 종전 | 개정 |
|---|---|
| 신설 | 전자(세금)계산서 발급·전송에 대한 세액공제<br>(공제대상) 직전연도 사업장별 과세·면세 공급가액(총수입금액)이 3억원 미만인 개인사업자<br>(공제금액) 건당 200원, 연간 한도 100만원<br>(공제방식) 부가가치세·소득세에서 공제 |

전자세금계산서(과세) 또는 전자계산서(면세)를 발급하면 별도 출력·보관이 필요 없어 인쇄·보관 비용을 절감하고 분실·훼손 위험도 줄일 수 있다. 전송된 전자세금계산서는 부가가치세 신고시 '전자세금계산서 발급분'란에 합계액만 기재하면 되어 거래처별 명세 작성 없이 간편하게 신고할 수 있다. 세액공제를 받기 위해서는 부가가치세 신고 시 '전자세금계산서 발급세액공제신고서'를 함께 제출해야 하며, 공제액은 건당 200원, 연간 100만원까지 가능하다. 다만, 공제금액이 납부세액을 초과할 경우 초과분은 환급되지 않고, 직전연도 공급가액이 3억원 이상인 개인사업자는 대상에서 제외된다.

이 제도는 적용 기한이 '27.12.31까지 연장되었다. 연장 적용은 2025년부터 시행되며, 기존 대상자 외에 신규 개인사업자도 공제 대상에 포함된다.

전자세금계산서는 부가가치세 과세 사업자가 발급할 수 있고, 면세 사업자라면 전자계산서를 발급하게 되는데 종합소득세에서 세액공제를 받을 수 있다. 공제한도는 건당 200원, 연간 100만원으로 동일하다.

> 참고 사항

# 전자세금계산서
# 발급 방법

전자세금계산서를 발급하기 위해서는 인증 수단이 필요하다. 첫째, 전자세금계산서용 인증서다. 둘째, 전자세금계산서용 보안카드다.

**첫째, 전자세금계산서용 인증서를 만들기 위해서는 은행에 가서 사업자용 통장을 만들고 인터넷 뱅킹에 가입한다.**

인터넷 뱅킹에 접속해서 사업자용 인증서를 받은 후 전자세금계산서용 공인(공동)인증서를 발급받는다. 범용인증서 발급 비용은 1년에 보통 11만원이다. 입찰에 참여하지 않는 경우 굳이 범용을 쓸 필요가 없다. 1년에 4천400원짜리 전자세금계산서용 인증서를 발급받아서 쓰면 된다.

**둘째, 세무서에 가서 전자(세금)계산서 발급용 보안카드를 무료로 발급받는다.**

**셋째, 전자세금계산서 발급요령 홈택스에 접속하는 2가지 방법이 있다.**

첫 번째는 전자세금계산서용 인증서를 등록하고 공동인증서 로그인하는 방법, 두 번째는 보안카드로 로그인하는 방법이다. 홈택스 ID와 비밀번호를 입력하고 로그인할 때 보안카드 번호를 입력하면 된다. 만약 개인으로 로그인되어 있으면 사업자로 전환해야한다.

로그인 후에 상위 카테고리에서 [계산서·영수증·카드] - [전자(세금)계산서 발급] - [전자(세금)계산서 건별발급]으로 들어가면 전자세금계산서를 발행할 수 있다.

전자세금계산서 발행시 반드시 필요한(필수적) 항목은 다음과 같다.

- 공급자(매출처)의 사업자등록번호와 상호와 대표자 성명
- 공급받는 자(매입처)의 사업자등록번호 상호와 대표자 성명
- 작성일자(재화 또는 용역을 공급하는 일자)
- 공급가액 및 부가가치세액

위 4가지 항목이 누락되면 세법상 세금계산서로 인정받을 수 없다. 발급할 때 합계 금액이 부가세 포함 금액인지 확인하고 거래처(공급받는 자) 이메일도 확인 후 기재하는 게 좋다.

# 004 차량만 잘 구입해도 1천만원 절세

개인사업자 또는 법인사업자가 차량을 구매할 때도 세금을 절약하는 방법이 있다. 어떤 차를 사는 게 세금을 아끼는 데 도움이 될지 궁금할 것이다. 물론 가장 중요한 것이 본인의 취향이겠지만 기왕이면 세금도 절세하면 더 좋을 것이다. 차량 구매시 개인사업자와 법인사업자가 세금을 절약할 수 있는 조건을 알려 드리고자 한다.

### 첫째, 차량이 사업과 연관성이 있어야 한다.

요즘은 사업을 할 때 거의 대부분 차량을 활용하고 있다. 예를 들어 제조업의 경우 원재료를 운반하기도 하고, 도소매업의 경우 물건 매입 또는 운송 및 배달에 활용하기도 한다. 식당이나 프랜차이즈와 같은 음식업을 하는 곳도 재료 구매 또는 배달을 위해 차량이 필요하다.

### 둘째, 차종에 따라 부가세 환급 또는 공제 여부가 달라진다.

세법에서는 비영업용 소형승용차에 대한 매입, 대여(렌트), 주유비, 수리비는 부가세 공제나 환급이 되지 않는다. 비영업용 소형승용차란 8인승 이하의 거의 모든 승용차를 말한다. 예를 들어 쏘렌토, 그랜저, 아반떼, 제네시스 GV70, 렉스턴, K5, 쏘나타 등이다.

여기에서 많은 분들이 착각하는 2가지 오류가 있다. 제일 많은 오해가 SUV 차량은 부가세 공제가 된다는 것이다. 예를 들어 쏘렌토나 싼타페, GV70, GV80와 같은 차량인데, 이들 차량도 세법으로 8인승 이하 승용차에 들어가기 때문에 세금계산서를 받더라도 부가세 공제나 환급이 되지 않는다.

또 잘못 알고 있는 경우가 디젤(경유) 차량은 부가세 공제가 되고 휘발유(가솔린) 차량은 부가세 공제가 되지 않는다는 것이다. 한마디로 차량이 사용하는 유종에 따라 부가세 공제 여부가 달라진다는 생각이다. 그러나 세법에서는 유종에 따라 공제 여부를 정하지 않고, 휘발유든 경유든 관계 없이 8인승 이하 승용차는 무조건 부가세 공제가 안 된다고 보면 된다.

### 셋째, 경차, 승합차(9인승 이상), 밴 차량, 화물차는 부가세 공제 또는 환급이 가능하다.

경차는 승용차인데도 불구하고 부가세 공제가 가능하다. 경차는 배기량 1,000cc 이하이면서 길이 3.6미터 이하, 폭 1.6미터 이하여야 한다. 대표적으로 기아의 모닝과 레이가 있다.

9인승 이상의 승합차도 부가세 공제를 받을 수 있다. 기아의 카니발(9인승 이상)과 스타리아, 팰리세이드 9인승, 스타렉스(9인승 이상) 등이 여기에 해당한다.

화물차나 화물형 밴 차량도 부가세 공제가 가능하다. 기아 타스만, 렉스턴 스포츠, 포터, 덤프트럭 등이 여기에 해당된다. 화물을 실을 수 있는 적재함이 있다는 것이 공통점이다.

오토바이도 배기량 125cc이하의 경우 부가세 공제가 가능하다.

개인사업자 또는 법인사업자가 위에 해당하는 차량을 구매하게 되면 부가세 공제가 가능하기 때문에 세금을 절약할 수 있다. 예를 들어 카니발 차량(9인승)을 4천400만원(부가세 포함)을 구입한 경우 부가세 400만원을 공제받거나 환급받을 수 있다. 그리고 연간 주유비와 수리비로 550만원(부가세 포함)을 사용한다면 매년 50만원씩 10년간 500만원의 부가세를 절약할 수 있다. 이렇게 절약한 부가세가 10년간 대략 1천만원 정도이니 상당히 큰 금액이다.

유튜브
차량부가세 환급 팰리세이드
VS 카니발 어떤게 유리할까

Tip

# 조기환급:
# 부가세 환급 빨리 받는 방법

만약 사업을 시작하면서 화물차 등을 구입했다면 하루라도 빨리 부가세 환급을 받고 싶을 것이다. 개인사업자가 5천500만원짜리(부가세 포함) 화물차를 7월 5일에 구매하고 세금계산서를 받았다면 원래는 다음 해 1월 25일에 부가세 공제 또는 환급을 신청해야 한다. 하지만 부가세 조기환급이라는 제도를 활용하면 빨리 환급받을 수 있다. 차량을 구입한 다음 달 1일부터 25일까지 부가세 조기환급을 신청하는 경우 15일 이내에 부가세를 환급받을 수 있다. 위 사례의 경우 7월에 5천500만원차량(부가세 포함)을 구입한 경우 8월 1일~25일 사이에 조기환급을 신청하면 신고기한의 15일 이내인 9월 10일 이내에 부가세 500만원을 환급받을 수 있다.

## 005 신용카드 또는 현금영수증으로 매입해도 부가세 공제

　1년에 사업과 관련해서 카드로 물건을 구입하는 금액은 수백만원에서 수천만원이 될 것이다. 그 금액의 10%인 부가세를 공제받을 경우 적게는 수십만원에서 많게는 수백만원의 부가세를 아낄 수 있다.

　사업과 관련한 물건을 구입할 때 세금계산서를 받는 것이 원칙이다. 그런데 소소하게 구입하는 물건에 일일이 세금계산서를 받기는 번거롭다. 그래서 세법에서는 신용카드로 구입한 것도 부가세를 공제해 준다. 예를 들어, 마트에서 볼펜 같은 문구류를 살 수도 있고 공구 상가에서 망치를 살 수도 있다. 그럴 때 카드로 결제하는데 카드 영수증을 일일이 다 모아두려면 아마도 수백 장이 넘을 것이다. 그래서 홈택스에 사업용 신용카드를 등록해 두면 편리하다. 사용 내역이 부가세 신고할 때 자동으로 반영되기 때문이다.

　회사 명의로 된 기업카드뿐만 아니라 대표자 개인 명의의 신용카드도 사업용 신용카드로 등록할 수 있다. 신용카드 뿐만 아니라 체크카드도 가능하다.

　사업용 신용카드를 등록하려면 홈택스에 로그인하여 [계산서·영수증·카드] - [신용카드 매입] - [사업용신용카드 등록 및 조회]에 접속한다. 여기에서 카드사와 카드번호 16자리를 입력하면 된다. 최대 50장의 카드를 등록할 수 있다. 참고로 법인은 법인 명의 신용카드나 체크카드가 자동으로 홈택스에 등록되기 때문에 따로 등록하지 않아도 된다.

카드뿐만 아니라 현금으로 구입할 때도 부가세 공제를 받을 수 있다. 그러려면 지출증빙용 현금영수증을 받아야 한다. 핸드폰 번호가 아니라 사업자등록번호 10자리를 불러 줘야 한다. 핸드폰 번호는 직장인이 소득공제용으로 받는 것이기 때문에 사장님이 쓸 수가 없다.

사업자번호 10자리를 외우기 귀찮다면 사업자용 현금영수증 전용카드를 신청하면 된다. 현금으로 결제할 때 전용카드를 같이 내면서 현금영수증을 끊어 달라고 하면 된다. 홈택스에 로그인해서 [계산서·영수증·카드] - [현금영수증(매입·지출증빙)] - [사업자 발급수단·전용카드] - [사업자용 현금영수증 전용카드 신청]에서 신청해 보자.

유튜브
개인사업자 부가세
절세방법 3가지

## 006 음식업은 농·축·수산물 살 때 계산서도 부가세 공제

　음식업, 카페, 식품제조업은 농산물·축산물·수산물 살 때 계산서도 부가세 공제를 받을 수 있다. 따라서 계산서를 잘 챙겨야 한다. 음식업은 주로 농·축·수산물을 가공해서 음식을 만든다. 농수산물은 부가세가 없는 면세여서, 음식업은 부가세가 많이 나올 수 밖에 없다. 그래서 의제매입세액공제라는 제도가 있다. 농수산물을 가공해서 음식을 만들었을 경우 매입 금액의 일정 비율에 대해 매입 세액으로 인정해 주는 것이다.

　예를 들어, 음식업에서 양념 갈비를 만들기 위해 돼지고기 1억원치를 샀다고 해 보자. 그러면 매입액의 8/108인 약 740만원의 부가세를 공제받을 수 있다. 반기의 매출액이 2억 이하라면 9/109로 공제액이 늘어난다. 법인도 6/106만큼 공제받을 수 있다. 카페도 마찬가지다.
　제조업 중에서도 과자점업, 도정업, 제분업, 떡류 제조업도 6/106만큼 공제받을 수 있다. 그 밖의 식품제조업은 4/104를 공제받을 수 있다.
　의제매입세액공제를 받기 위해서는 농·축·수산물을 사면서 계산서를 잘 챙겨야 한다. 계산서는 전자 계산서 또는 수기로 된 종이 계산서를 받으면 된다. 만약 계산서를 받지 못한다면 신용카드로 결제하거나 현금영수증 지출증빙용으로 받아도 된다.

단, 의제매입세액공제는 한도가 있다. 음식업 개인사업자의 경우 과세표준의 최소 60%(반기 매출 2억 초과)에서 75%(1억 이하)까지 매입 금액을 인정받을 수 있다. 법인사업자는 과세 표준의 50%가 한도다. 한도는 매년 달라지므로 신고할 때마다 체크해야 한다.

유튜브
육류, 생선, 과일 구입해도
부가세 공제받는 방법

## 007 티끌모아 태산
## (전기요금, 통신료, 도시가스 요금, 정수기 요금 등)

사장님이 사업과 관련해서 사용한 경비는 부가세 공제를 받을 수 있다. 그런데 개인 명의로 사용하다 보니 부가세 공제를 못 받는 경우가 많다. 그래서 반드시 개인 명의가 아니라 사업자 명의로 세금계산서를 받아야 한다.

잘 챙겨야 하는 것이 전기 요금, 도시가스 요금, 핸드폰 및 전화 요금, 인터넷 요금, 정수기 또는 공기청정기 요금 등 매장이나 사무실에서 사용하는 경비다. 여기에는 모두 부가세가 10%씩 포함돼 있다. 한 달에 요금이 100만원이라고 하면 부가세만 거의 10만원이다. 1년만 모여도 부가세를 120만원이나 아낄 수 있다.

전기 요금은 한전에서 세금계산서를 받아야 한다. 그런데 이전 임차인이나 임대인 명의로 돼 있는 경우 우선 전기 사용자 명의 변경을 해야 한다. 한전 고객센터(☎국번없이123)나 한전 사이버 지점의 [신청접수] - [명의변경]에서 신청할 수 있다. 만약 임차인 사업자 명의로 명의 변경이 안 된다면 건물주인 임대인이 한전으로부터 세금계산서를 받은 다음 임차인의 사용량만큼 세금계산서를 발급받으면 된다.

도시가스 요금, 일반 전화 요금과 핸드폰·인터넷 요금, 정수기 또는 공기청정기 요금도 사업자 명의로 변경하면 부가세 공제를 받을 수 있다. 각 회사의 고객센터에 연락해서 개인 명의가 아니라 사업자 명의로 해 달라고 요청하면 된다. 그런 다음 사업자등록증 사본과 기타 필요 서류를 팩스나 이메일로 전달하면 된다.

유튜브
개인사업자 부가세
절세방법 3가지

**Tip**

# 통장거래내역과 매입세금계산서 대조해 보기

　매입을 하면서 대금을 먼저 이체하는 경우가 있다. 거래가 빈번하다 보면 자칫 매입 세금계산서를 누락하는 경우가 있다. 거래처의 실수로 세금계산서가 발행되지 않는 것이다. 그러면 부가세 공제를 받지 못한다. 가급적이면 매월 통장 거래 내역과 매입 세금계산서 내역을 대조해 보는 게 좋다. 출금액과 세금계산서 금액이 맞는지 맞춰 보자. 그러면 세금계산서를 못 받는 일은 없을 것이다.

　세금계산서는 매입한 달의 다음 달 10일까지 받아야 한다. 즉 8월에 매입을 했다면 작성 일자는 8월 31일까지로 하여 발행 일자는 9월 10일까지 받아야 한다. 만약 11일이 넘어서 세금계산서를 받으면 공급가액의 0.5%의 가산세를 물어야 한다. 물론 늦게 발행한 매출자도 1%의 가산세를 내야 한다. 매출자가 제때 세금계산서를 끊어 줘야 하지만 매입자도 잘 챙기는 게 좋다.

유튜브
부가세 100만원 절약하는
5가지 방법

# Part 4
# 소득세와 법인세 절세를 위한 비용 처리방법

소득세와 법인세는 1년간 발생한 순이익에 대해 세금을 내는 것이다. 순이익은 매출에서 매입과 각종 비용을 차감한 금액이다. 그래서 비용을 잘 챙기는 게 중요하다.

### 첫째, 비용의 대원칙이 있다.

그것은 바로 사업과 관련해서 지출한 것은 비용으로 인정받을 수 있다는 것이다.

### 둘째, 직원을 고용한 경우 퇴직금을 줘야 한다.

퇴직금을 비용 처리 하면서 정부에서 지원받을 수 있는 중소기업 퇴직연금기금이라는 제도가 있다.

### 셋째, 사업과 관련해서 세금을 낸 것도 비용으로 인정된다.

주민세(사업소분), 재산세, 종합부동산세, 자동차세 등이 해당된다.

### 넷째, 차량을 구입할 때 일시불, 할부, 렌트, 리스 중에서 어떤 게 유리할까?

각 방식의 장단점을 충분히 파악하고 자신에게 가장 적합한 구매 방법을 선택해야 한다.

### 다섯째, 사업을 하면 사무실이나 공장, 매장을 빌려야 한다.

임대인이 일반과세자, 간이과세자 혹은 사업자가 없는 경우 각각 비용 처리하기 위해 받아야 하는 증빙 서류를 정확히 알아야 한다.

**여섯째, 기업업무추진비의 비용 처리 방법을 살펴보자.**

과거 접대비로 불렸던 기업업무추진비는 고객과의 원활한 관계 유지를 위해 선물이나 식사 대접, 경조사비를 지원하는 비용을 말한다.

**일곱째, 사업을 운영하다 보면 대출을 받는 일이 흔하다.**

대출을 받으면 이자를 납부해야 하는데, 이자 또한 사업상 경비로 인정된다. 이자 비용 처리 절차와 유의 사항을 정확히 알아야 한다.

**여덟째, 음식점이나 사무실을 내는 경우 인테리어를 하게 된다.**

이런 인테리어도 비용 처리를 할 수 있는데, 어떻게 비용 처리 할 수 있을까?

**아홉째, 다른 사람이 하던 음식점이나 매장을 인수하는 경우 권리금을 주는 경우가 많다.**

권리금도 사업과 관련된 경비이므로 당연히 비용으로 인정된다.

**열번째, 요즘은 소비자의 90% 이상 카드로 결제한다.**

카드로 대금을 받게 되면 카드사에 많은 수수료를 내게 된다. 당연히 이 수수료도 경비로 처리할 수 있다. 그리고, 신용카드 매출 수수료가 얼마가 나갔는지도 직접 조회할 수 있다.

**열한번째, 기부금은 사업과 무관하지만 경비로 인정된다.**

무조건 다 되는 건 아니지만 요건과 한도에 맞으면 된다. 특히 사장님 본인뿐만 아니라 가족이 낸 기부금도 인정받을 수 있다.

## 001 비용의 대원칙 - 사업 관련 비용 (통장송금기록)

사장님이 사업을 하면서 제일 궁금한 것이 비용으로 인정받을 수 있는 기준일 것이다. 쉽게 생각하면, 원칙적으로 사업과 관련해서 지출한 것은 비용으로 인정된다.

비용 처리를 하려면 매입을 하면서 적격증빙을 받아야 한다. 적격증빙이란 세금계산서, 신용카드영수증, 현금영수증 지출증빙용, 계산서를 말한다. 예외적으로 3만원 이하의 거래의 경우 간이영수증을 받아도 된다. 직원이나 일용직 등 인건비를 지출한 경우에는 원천세 신고를 하고 지급명세서를 제출해야 한다.

그런데 간혹 적격증빙을 받지 못하는 경우가 있다. 예를 들면 사업자가 아닌 사람과 당근과 같은 중고 거래 플랫폼에서 거래할 때다. 공장에 난로가 필요한데 마침 당근에 싼 상품이 있어서 구입했다. 사업자에게 산 경우 세금계산서를 받으면 된다. 하지만 일반인인 경우 세금계산서 발행이 안 된다. 그럴 경우 통장으로 송금하고 영수증을 받으면 된다.

인건비도 마찬가지다. 원천세 신고와 지급명세서를 제출해야 하지만, 직원의 부득이한 사정으로 인해 신고를 못하는 경우에는 계좌이체 내역 및 영수증을 받아 두어야 한다. 영수증에는 직원성명, 주민번호, 지급내용, 금액, 일자, 서명 등이 있어야 한다.

## 002 직원 퇴직금 최대 2천400만원 지원받는 방법 (중소기업퇴직연금기금 -푸른씨앗)

사장님이 정규직 직원을 1년 이상 고용했다면, 그 직원이 퇴사할 때 '퇴직금'을 지급해야 한다. 1년 이상 근무한 해마다 평균 임금 1개월치를 줘야 한다. 만약 직원이 10년 동안 근무했다면 10개월치 임금에 해당하는 퇴직금을 퇴사일로부터 14일 이내에 지급해야 한다.

만약 30인 미만의 근로자를 고용한 사장님이라면 중소기업 퇴직연금 기금제도인 '푸른씨앗'에 가입하고 다양한 혜택과 지원도 받을 수 있다.

### 푸른씨앗이란?

중소기업퇴직연금기금제도인 '푸른씨앗'은 상시 30명 이하의 근로자를 사용하는 중소기업에 대해 근로자의 안정적인 노후 생활 보장을 지원하기 위해 사용자 및 근로자가 납입한 부담금 등으로 공동의 기금을 조성·운영하여 근로자에게 퇴직급여를 지급하는 공적 퇴직연금 기금제도다.

기존 퇴직연금제도와 다르게 근로복지공단이 직접 운영하며, 공동으로 조성된 기금을 바탕으로 노사정 대표와 전문가들로 구성된 위원회에서 안정적인 수익률을 제공한다.

### 푸른씨앗에서만 제공하는 장점
① 재정지원(근로자 및 사업주)
② 수수료 0원
③ 안정적인 수익률
* 2024년: 6.52%(푸른씨앗 홈페이지 참조)

### 가입대상
- 사업자: 상시 30명 이하의 근로자를 고용하는 사업장
* 동일 법인의 경우 본·지점 합산한 상시 근로자 수로 판단
- 가입자: 계속근로기간 1년 이상 근로자(신규채용 근로자 선납 가능)

### 사업주 혜택
- 수수료 0원: 25년도 신규가입시 수수료 3년간 면제
 ⇒ 평균적립금 2억 가정시, 매년 100만원 절감
- 사업주 국가지원금 3년간 최대 2천457만원(2025년 기준)
 ⇒ 월평균보수 273만원 미만 근로자 30명 가정

### 근로자 혜택
근로자 국가지원금 3년간 최대 819,000원
 ⇒ 1인당: (273만원*10%)*3년, 단 사업주 지원기간 내에만 지원

**신청방법**

① 온라인 신청

근로복지공단 '푸른씨앗' 홈페이지(https://pension.comwel.or.kr/fund)

② 오프라인 신청

근로복지공단 '푸른씨앗' 홈페이지(https://pension.comwel.or.kr/fund)에서 신청서 서식(기금소개 ⇒ 표준계약서 ⇒ 하단의 사업장용 가입신청서 다운로드)을 내려받아 사업장 관할지사 팩스 접수

**문의처**

근로복지공단 퇴직연금 콜센터 ☎ 1661-0075

유튜브
퇴직연금
절약하는 방법

# 세금과 공과금
## (4대보험료, 주민세, 재산세, 종합부동산세, 단체회비)

003

사업과 관련한 세금도 비용으로 인정된다. 그런데 부가세나 소득세와 법인세 그리고 그에 따른 지방세는 비용으로 인정되지 않는다. 부가세는 고객으로부터 10%의 부가세를 받아서 대신 납부하는 것이기 때문에 비용이 아니다. 소득세와 법인세 그리고 그에 따른 지방세는 순이익에 대한 세금이기 때문에 비용으로 인정받을 수 없다.

비용으로 인정되는 4대보험료(연금, 건강, 고용, 산재)와 주민세 사업소분, 자동차세, 재산세, 종합부동산세, 상공회의소·조합·단체 협회비, 교통유발부담금, 폐기물부담금, 개발부담금 등이다.

4대보험료 중 국민연금과 건강보험, 고용보험은 회사와 직원이 반반씩 부담하는데 이 중 회사 부담분이 비용으로 인정된다. 산재보험은 회사가 전액 부담하므로 모두 비용 처리가 된다.

## 004 차량 일시불, 할부, 렌트, 리스 중 어떤 게 유리할까?

사업을 하면서 차량을 사용하게 된다. 화물차, 경차, 승합차는 비용 처리나 부가세 공제에 한도나 제한이 없다. 그러나 8인승 이하의 업무용 승용차를 구입하면 세법에서 정한 기준대로 비용 처리를 해야 한다. 어떤 항목이 비용 처리 가능한지 알아 보자.

**첫째, 감가상각비다.**

차는 1년만 타고 안 타는 게 아니라 짧게는 3년에서 길게는 10년 이상도 탄다. 세법에서는 보통 5년을 사용한다고 봐서 그 기간 동안 나눠서 비용으로 처리한다. 이를 감가상각비라고 한다. 만약 승용차 가격이 4천만원이라면 5년으로 나누어 1년에 800만원씩 비용으로 처리된다. 단, 세법에서는 감가상각비로 1년에 800만원만 인정해 준다. 그러면 더 비싼 차를 구입하면 어떻게 될까? 5년이 지난 다음에 1년에 800만원씩 추가로 비용으로 인정해 준다.

**둘째, 유지비다.**

차량을 사용하면 유류비, 수리비, 보험료, 자동차세 등 유지비가 나간다. 운행 일지를 작성해서 100% 업무용으로 사용했다는 것이 인정되면 모두 비용 처리가 된다. 그런데 사적으로 사용했다면 그만큼은 비용으로 인정되지 않는다. 운행일지를 작성하지 않았다면 1년에 1천500만원(감가상각비 800만원 포함)까지 비용으로 인정된다. 만약 800만원을 감가상각비로 썼다고 하면 나머지 700만원을 유지비로 쓸 수 있다. 1천500만원은 차량 1대당 비용으로 인정되는 한도다.

### 셋째, 비용으로 인정받으려면 임직원 전용 자동차 보험에 가입해야 한다.

법인 차량은 무조건 임직원 전용 보험에 가입해야 한다. 개인사업자는 복식부기 의무자일 경우 승용차 1대까지는 누구나, 부부 한정 등 원하는 보험에 가입하면 된다. 그런데 2대부터는 임직원 전용 보험에 가입해야만 비용으로 인정받을 수 있다.

### 넷째, 일시불, 할부, 렌트, 리스 중에서 어떤게 유리할까?

세법상으로는 차이가 없다. 일시불이나 할부는 차량을 구입하면서 감가상각비로 비용 처리한다. 위에서 든 예시와 같이, 4천만원짜리 차를 1월에 구입했다면 나누기 5년을 해서 1년에 800만원을 비용으로 인정받을 수 있다. 렌트 차량은 렌트비의 70%를 감가상각비로 본다. 만약 렌트비가 1년에 1천142만원(월 95만원)이라면 70%인 800만원까지 감가상각비가 되는 것이다. 나머지 342만원은 차량유지비가 된다. 리스차량은 리스료의 93%를 감가상각비로 본다. 만약 리스료가 1년에 860만원이라고 하면 거기에서 800만원은 감가상각비로 인정되고 나머지 60만원은 유지비다.

그러면 일시불과 할부, 렌트와 리스 중 어떤 것이 유리할까? 들어가는 전체 비용만 따졌을 때는 일시불, 할부, 렌트, 리스순으로 유리하다. 일시불이 돈이 제일 적게 들어가고 리스가 제일 돈이 많이 들어간다. 그러나 상황에 따라 달라질 수 있으므로 아래 표를 참고해 장단점을 비교해보자.

|  | 일시불 | 할부 | 렌트 | 리스 |
|---|---|---|---|---|
| 초기비용 | 가장 큼 | 중간 | 보증금 또는 선납금 선택 | 보증금 또는 선납금 선택 |
| 총 비용 | 가장 저렴 | 일시불 + 이자 | 할부보다 높음 | 렌트보다 높음 |
| 차량명의 | 사업자 본인 | 사업자 본인 | 렌트사 | 리스사 |
| 세금 및 보험 | 사업자 본인 | 사업자 본인 | 렌트사 | 사업자 본인 |
| 신용 영향 | 없음 | 대출로 잡힘 | 없음 | 대출로 잡힘 |

### 일시불
- 장점: 총비용이 가장 저렴. 자금 여유가 있다면 절세에도 유리. 감가상각비로 비용 처리 가능.
- 단점: 초기 자금 부담 매우 큼. 자금 유동성 저하. 직접 보험·세금·정비 관리 필요. 나중에 직접 처분해야 함.

### 할부
- 장점: 초기 자금 부담 분산. 감가상각비로 비용 처리 가능. 장기간 보유 시 유리.
- 단점: 이자 발생으로 총비용 증가. 신용도에 영향. 직접 보험·세금·정비 관리 필요하고 나중에 직접 처분해야 함.

### 렌트

- 장점: 초기 비용 적음. 월납입금에 보험·세금 포함. 관리 편리. 계약 종료 시 반납·인수 선택 가능
- 단점: 총비용이 할부보다 높음. 차량소유권 없음. 영업용 번호판 사용(허,하,호).

### 리스

- 장점: 초기비용 적음. 일반 번호판 사용. 계약 종료시 인수·반납 자유.
- 단점: 보험 직접 가입 필요. 신용도 영향(대출로 잡힘). 총비용이 렌트보다 다소 높음.

선택시 고려 포인트를 정리해 보자.

자금 여유가 있다면 일시불, 없다면 할부, 렌트, 리스를 고려하자. 차량을 3년 이내로 자주 교체하면 렌트나 리스가 편리하다. 그런데 3년을 넘어서 장기 보유한다면 일시불이나 할부가 유리하다. 관리 편의성을 따진다면 렌트나 리스가 편리하다. 일시불이나 할부는 차량을 직접 관리해야 한다. 신용도에 미치는 영향을 따지면 할부와 리스는 대출로 잡히게 된다. 일시불과 렌트는 영향이 없다.

결론적으로 총비용만 따지면 일시불, 할부, 렌트, 리스 순으로 유리하지만 자금 사정, 차량 교체 주기, 관리 편의성 등을 종합적으로 따져서 본인에게 맞는 방식으로 사용하면 된다.

유튜브
차량 리스 렌트 차이점
할부 일시불 어떤 게 유리할까

## 005 임대인의 사업자 등록 유형별 비용 처리 방법

　사업을 하면 공장이나 사무실을 빌리게 된다. 그러면 임대료를 내는데 어떻게 비용 처리를 하면 될까? 임대인이 일반과세자인 경우 세금계산서를 받으면 된다. 전자 세금계산서든 수기로 된 종이 세금계산서든 모두 괜찮다. 그런데 임대인이 간이과세자인 경우에는 세금계산서를 발행하지 못한다. 그럴 때는 현금영수증 지출증빙용으로 자료를 받으면 된다. 만약 현금영수증도 못 받는 상황이라면 계약서와 통장 송금 내역을 세무사 사무실에 주고 비용 처리를 하면 된다. 임대인이 사업자가 없는 경우도 마찬가지다. 사업자가 없으니 세금계산서와 현금영수증 모두 발행할 수 없다. 그럴 때도 계약서와 통장 송금 내역으로 비용으로 인정받을 수 있다.
　임대료는 1년에 수백만원에서 수천만원 달하는 큰 비용이다. 이 지출 내역을 빼먹으면 소득세와 법인세가 엄청나게 많이 나오므로 누락되지 않도록 잘 챙겨야 한다.

유튜브
소득세 100만원 절세하는
10가지 비용(임차료)

## 006 기업업무추진비, 경조사비, 상품권도 비용 처리 가능

기업업무추진비란 고객과의 영업을 원활하게 사용하는 경비로, 예전에는 접대비라는 명칭으로 불렸다. 거래처에 식사를 접대한다거나, 선물을 주는 데 사용되는 비용이 여기 속한다. 업무를 위한 윤활유 같은 역할을 하는 것이 기업업무추진비다.

기업업무추진비는 세법상 한도가 정해져 있다. 남용을 막기 위한 것이다. 중소기업은 1년에 3천600만원, 그 외 기업은 1년에 1천200만원이 기본 한도다. 그리고 매출액에 따라서 추가 한도(매출액 100억이하 0.3%)가 있다.

기업업무추진비를 비용으로 인정받으려면 3만원 초과 비용은 세금계산서, 신용카드매출전표, 현금영수증, 계산서와 같이 적격증빙을 받아야 한다. 적격증빙을 받지 못하면 비용으로 인정되지 않는다. 3만원 이하라면 간이영수증도 인정된다.

또한 법인의 경우 카드로 기업업무추진비를 결제할 경우 법인 명의 카드만 인정이 된다. 임직원 명의 카드는 기업업무추진비로 인정되지 않는다.

경조사비는 건당 20만원이하 금액에 대해서는 청첩장이나 부고장과 같은 것으로 증빙 자료를 갖고 있으면 된다. 청첩장이나 부고장 사진을 캡처해 두고 모아서 세무사 사무실에 전달하자. 20만원 초과하는 경조사비는 세금계산서, 신용카드전표, 현금영수증, 계산서 중 한 가지를 받아야 한다.

Tip

# 상품권으로 접대할 때

백화점, 구두 등 상품권으로 접대를 한다고 하면 어떻게 해야 할까? 상품권을 살 때는 세금계산서, 현금영수증, 계산서를 받지 못한다. 그래서 개인사업자는 신용 또는 체크카드로 구입해야 한다. 법인도 법인 명의 카드로 구입해야 한다. 상품권을 접대 목적으로 제공한다면 상품권 지급 명단을 만들어 두는 좋다. A거래처 아무개에게 00년 00월 00일에 지급했다는 식으로 말이다. 이 자료를 세무서에 제출하는 것은 아니다. 그러나 나중에 세무서에서 자료 소명을 요구하거나 세무조사를 받는 경우 상품권의 사용처를 입증해야 할 수도 있다. 그럴 때를 대비해서 상품권 지급 명단을 갖춰 놓자.

유튜브
소득세 100만원 절세하는
10가지 비용

## 007 사업 목적으로 받은 대출 이자도 비용 인정

사업에 사용할 목적으로 대출을 받는 경우가 많다. 대출원금은 부채로 잡히기 때문에 원금을 상환하는 것은 비용이 아니다. 비용으로 인정받는 것은 이자로 나간 금액이다.

대출 금액이 1억원에 대한 원리금 상환을 하는데, 매달 원금과 이자를 합쳐서 150만원 지출한다고 가정해 보자. 150만원 중에서 100만원은 원금을 상환하는 것이고 이자는 50만원이다. 이중에서 50만원만 비용으로 인정이 되는 것이다. 원금과 이자를 구분하려면 금융기관에 대출 상환 자료를 요청해서 세무사 사무실에 전달하면 된다.

다만, 공장이나 건물을 짓기 위한 건설 자금 이자는 비용으로 처리하는 게 아니라 건물이나 공장의 취득 가격에 더해진다. 예를 들어 건물을 지을 때 5억을 빌리고 5천만원을 이자로 지출했다고 해 보자. 그러면 건물 값으로 들어간 게 5억 5천만원이다. 이때는 이자 5천만원을 이자 비용으로 처리하는 게 아니라 건물 값에 더해서 고정 자산으로 처리한다.

이자를 비용으로 인정받기 위한 대원칙은 사업과 관련해서 사용해야 한다는 것이다. 대출을 받아서 개인적 용도(대표자 본인 주택 구입)로 사용하는 경우에는 비용으로 인정받지 못한다.

그런데 만약 대표자가 본인 명의 주택으로 생활 자금 대출 1억원을 받아서 사업에 사용한 경우 비용으로 인정이 될까? 원래 주택담보대출은 비용으로 인정받을 수 없다. 그런데 사장님이 주택담보대출 1억원을 받아 사업에 사용한 것을 입증할 수 있다면 비용으로 인정 가능하다. 회사에서 기계 장치를 구입했다든가 직원의 인건비로 지출했다든가 하는 것을 입증하면 된다. 세법의 대원칙 중 하나가 '실질과세원칙'이다. 명목 여하에 관계 없이 실제로 사업에 사용한 것을 명확하게 입증 가능하면 비용으로 인정받을 수 있다. 이런 경우에는 비용으로 인정받을 수 있으니 자료를 잘 챙기면 세금을 절세할 수 있다.

## 008 인테리어도 비용으로 인정된다(감가상각비)

　음식점을 창업하면서 인테리어를 했다고 해 보자. 인테리어비는 적게는 수백만원에서 많게는 1억도 넘게 지출하는 경우도 있다. 이렇게 거액이 들어가므로 부가세도 많이 나온다. 인테리어비의 공급가액이 1억이면 부가세만 1천만원이다.

　만약 일반과세자로 창업한다고 하면 세금계산서를 받아서 부가세를 공제 또는 환급받으면 된다. 예를 들어 7월에 창업해서 인테리어를 하고 세금계산서를 받았다면 다음달 8월 1일부터 25일 사이에 조기환급을 신청할 수 있다. 그러면 15일 이내에 부가세를 환급받을 수 있다.

　그런데 문제는 초기에 자본금이 넉넉하지 않을 때다. 임차보증금도 내야 하고 집기도 사야 하고 돈 들어갈 데가 많아 부가세도 부담이 된다. 그래서 간혹 세금계산서를 안 받고 거래할 때도 있다. 이럴 때는 어떻게 비용 처리를 해야 할까? 물론 세금계산서를 받지 못했으니 부가세는 환급받을 수 없다. 그러나 소득세를 낼 때는 감가상각비로 비용으로 인정받을 수 있다. 인테리어 계약서와 통장 송금 내역을 세무사 사무실에 전달하고 인테리어비를 고정자산으로 잡아달라고 요청하면 된다. 그러면 보통 인테리어비를 시설 장치로 잡고 감가상각비로 비용 처리할 수 있다.

다만, 적격증빙이 없기 때문에 증빙불비가산세 2%를 내야 할 수도 있다.

　가장 이상적인 방법은 세금계산서를 받는 것이다. 그런데 부득이하게 못 받고 지나갔다면 계약서와 통장 송금 내역으로 비용 처리 할 수 있다. 만약 인테리어비가 1억이라고 하면 소득세율이 6~45%니까 최소한 600만원에서 많게는 4천500만원까지 세금을 절세할 수 있다.

유튜브
세금계산서 VS 계약서
인테리어 비용되나

## 009 권리금을 줬을 때 비용 처리 방법

　음식점이나 다른 사업체를 통으로 인수하는 경우 매수자는 매도자에게 권리금을 준다. 권리금은 세법상 기타소득이기에 원천징수를 하고 원천세 신고를 해야 한다.
　예를 들어 권리금으로 1억원을 지불한다고 해 보자. 일반 양수도일 경우 매도자로부터 세금계산서를 받아야 한다. 그러면 공급가액(권리금) 1억과 부가세 1천만원짜리 세금계산서를 받아야 한다. 만약 사업의 포괄양수도라고 하면 세금계산서를 안 받고 계약서로 처리하면 된다.

　권리금은 기타소득이기 때문에 대금을 지급하는 사람이 세금을 원천징수 해야 한다. 권리금 1억에 대해 필요 경비를 60% 잡아 주기 때문에 소득 금액은 4천만원이 된다. 거기에 22%인 880만원을 공제하고 나머지 금액인 9천120만원을 매도자에게 지급하면 된다. 원천징수한 880만원은 지급한 달의 다음 달 10일까지 기타소득으로 원천세 신고를 하면 된다.
　정상적인 절차는 양수도 방식에 따라 세금계산서 또는 계약서를 받고 동시에 기타소득으로 원천세 신고하는 것이다. 그런데 간혹 매도자가 이렇게 하는 것을 싫어하는 경우가 있다. 세금을 많이 내야 하기 때문이다. 그래서 권리금을 신고하지 않고 거래하기도 한다. 물론 매도자의 경우 명백한 탈세이기 때문에 나중에 적발될 경우 본세와 가산세를 물어야 한다.

그럼 권리금만 주고 세법상 처리를 못했을 때 매수인은 어떻게 해야 할까? 계약서와 통장 송금 내용으로 비용 처리를 할 수 있다. 권리금은 세법상 영업권이라고 하는데 5년간 감가상각을 한다. 만약 1억원을 권리금으로 줬다면 1년에 2천만원씩 비용으로 인정받을 수 있다. 5년간 1억을 비용으로 처리하면 최소 660만원에서 많게는 4천950만원까지 세금을 절세할 수 있는 것이다. 단, 매수인도 원천징수를 하지 않았기 때문에 추후 원천징수에 대한 세금 및 가산세를 물어야 할 수도 있다는 점을 주의해야 한다.

유튜브
권리금 줬을 때
비용처리 하는 방법

010 # 신용카드 수수료는 어떻게 조회하죠?

요즘 고객들은 거의 카드로 결제를 한다. 그래서 카드로 결제를 받으면 사장님 입장에서는 결제 수수료가 나간다. 카드 수수료는 매출액과 신용/체크카드 여부에 따라 다르다. 신용카드는 보통 0.4%에서 많게는 1.45%까지 나간다. 체크카드는 0.15%에서 1.15%까지 수수료가 나간다. 평균적으로 수수료가 1%라고 할 때, 결제가 많아지면 금액이 상당해진다. 1년 매출이 3억원이라면 300만원이나 카드 수수료로 나간다. 카드 수수료는 보통 카드 결제대금에서 자동으로 공제된다. 나머지 잔액만 입금되는 방식이다. 예를 들어 고객이 결제한 금액이 1만원이면 1%인 100원을 차감하고 9천900원만 입금된다.

이런 카드 수수료 내역을 받으려면 원래 카드사마다 일일이 고객센터에 연락해야 한다. 그런데 쉽게 알 수 있는 방법이 있다. '여신금융협회 가맹점 매출거래정보 통합조회시스템(https://www.cardsales.or.kr)'에 가입하면 된다. 여기에 가입하면 1년간 카드 수수료가 얼마 나갔는지 조회할 수 있다. 이 수수료 금액을 세무사 사무실에 전달하면 된다.

011

# 가족이 기부한 것도
# 비용으로 인정된다

　기부금이란 사업과 관련 없는 단체에 후원하는 것이다. 정치자금 기부금, 고향사랑 기부금, 우리사주 기부금, 사회복지공동모금회 또는 적십자회비, 재난구호기부금, 교회 또는 절에 낸 헌금 등이 모두 기부금이다.

　기부금을 비용으로 인정받기 위해서는 장부를 작성해야 한다. 간편 장부 또는 복식 장부이다. 간편 장부는 수입과 지출을 작성해서 그 합계를 적는 것이다. 복식 장부는 재무상태표, 손익계산서, 제조원가명세서, 합계잔액시산표 등을 제출해야 한다. 복식 장부는 사장님이 직접 만들기 어렵기 때문에 세무사 사무실에 의뢰해야 한다.

　기부금을 비용에 넣으려면 기부금 영수증을 받아야 한다. 대형 기부 단체의 경우 기부금 영수증을 전자로 발행하기도 한다. 전자 기부금 영수증이 발행되면 연말정산간소화서비스 PDF 파일에서 확인할 수 있다. 국세청 홈택스에 로그인해서 [장려금·연말정산·기부금] - [연말정산간소화] - [소득·세액공제 자료조회]에서 PDF 파일로 다운로드하면 된다. 만약 여기에 자료가 없다면 수기로 기부금 영수증을 받아야 한다. 보통 교회나 절에서는 수기로 된 기부금 영수증을 주기 때문에 그걸 받아서 세무 사무실에 제출하면 된다.

개인사업자의 경우 본인이 아니더라도 기본 공제 대상자(소득 금액 100만원 이하)인 배우자나 자녀(나이 제한 없음)의 기부금도 비용으로 인정된다. 기부금은 순이익(소득 금액)에 따라 한도가 있다. 인정받지 못한 특례(법정)기부금과 일반(지정)기부금은 10년간 이월해서 공제받을 수 있다.

# Part 5
# 세법상 감면·공제와 소득공제, 세액공제로 절세하는 방법

세법상 감면이나 공제, 소득공제, 세액공제라는 용어는 다소 어렵게 느껴진다. 그러나 어렵게 생각할 필요가 없다. 기존에 사장님들이 세무사로부터, 또는 인터넷에서 많이 들었던 용어들이다. 따로 외울 필요 없이 '이런 게 있구나' 정도 알고, 소득세 또는 법인세를 신고할 때 나에게 적용되는 게 있는지 찾아보면 된다. 가급적이면 상반기 중간 결산을 끝내고 하반기에 미리 알아보는 게 좋다. 세법상 감면·공제와 소득공제, 세액공제에 대해 간단히 살펴보자.

**첫째, 세무사에게 기장만 맡겨도 100만원을 절약할 수 있다.**
간편장부 대상자가 복식부기로 기장을 하게 되면 최대 100만원까지 소득세에서 깎아준다.

**둘째, 부양 가족이 있으면 소득공제를 받을 수 있다.**
배우자 자녀 뿐만 아니라 부모님과 시부모님, 장인, 장모님도 공제받을 수 있다. 자세한 요건을 알아보자.

**셋째, 소득공제는 순이익에서 빼 주는 것이다.**
그래서 절세 효과가 크다. 대표적으로 국민연금과 노란우산공제가 있다.

**넷째, 세액공제는 최종적으로 납부할 세금에서 공제해 주는 것이다.**
세액공제 금융 상품 중 연금저축이 있는데, 여기에는 두 종류가 있다. 연금저축보험과 연금저축펀드의 장단점을 알아보자.

**다섯째, 개인사업자 사장님이 근로자가 아니더라도 별도로 퇴직연금에 가입할 수 있다.**

이를 퇴직연금 IRP라고 한다. 가입 방법부터 자세하게 알아보자.

**여섯째, 고용을 늘리면 세금 혜택이 있다.**

'통합고용증대 세액공제'는 정규직 고용시 세금을 깎아주는 제도이다. 구체적인 혜택을 알아보자.

**일곱째, 기업이 연구와 개발에 투자하면 세금을 깎아 준다.**

이를 '연구인력개발비 세액공제'라고 한다. 구체적인 방법을 알아보자.

**여덟째, 세법에서 정한 일정 중소기업에 해당하면 세금을 감면해 준다.**

이를 '중소기업 특별세액감면'이라고 한다. 내가 운영하는 사업장도 해당되는지 검토해 보자.

## 001 세무사에게 기장만 맡겨도 100만원 절약된다

'기장 세액공제'란 간편장부 대상자가 복식장부로 소득세를 신고하는 경우 세금을 깎아 주는 것이다. 종합소득세 산출세액의 20%를 깎아주는데 최대한도가 100만원이다. 간편장부 대상자는 당해연도 신규로 사업을 개시한 사업자 또는 직전연도 매출액이 아래 기준에 해당하는 사업자이다.

| 업종 | 수입금액 |
| --- | --- |
| 도소매업, 농업, 임업, 광업, 부동산 매매업 등 | 3억원 미만 |
| 음식업, 제조업, 숙박업, 건설업, 출판/영상/방송통신 및 정보서비스업, 전기/가스/증기 수도사업, 상품중개업 등 | 1억5천만원 미만 |
| 부동산임대업, 전문과학기술 서비스업, 사업시설관리, 교육서비스업, 보건 및 사회복지사업 등 | 7천500만원 미만 |

단, 의사, 약사, 변호사와 같은 전문직 사업자는 신규로 개업하거나 매출금액이 위의 금액 미만이더라도 복식부기 의무자에 해당한다.

간편장부 대상자인 사장님이 복식부기로 세금 신고를 하려면 세무사 사무실에 의뢰해야 한다. 그러면 보통 수십만원의 수수료가 들어간다. 이렇게 많은 비용이 들어가더라도 세무사 사무실에 의뢰하는 게 좋을 때가 있다. 바로 사장님이 실제로 사업에 쓴 비용이 많을 때다. 비용을 일일이 기록하기도 어렵고, 복식장부로 만드는 것은 프로그램 없이는 불가능하다. 이런 경우 세무사 사무실에 의뢰하면 수수료보다 더 많은 세금을 절약할 수 있다. 복식부기로 신고할 경우 최대 100만원까지 기장 세액공제로 깎아 주기 때문에 오히려 이득이다.

유튜브
세무기장
꼭 해야 하냐구요?

**Tip**

# 세무사 사무실에 복식부기로 신고할 때 전달할 서류

① 세금계산서, 신용카드전표, 현금영수증, 계산서를 못 받고 통장으로 지출한 경비가 있는 경우 통장 거래 내역(지출 내용 메모, 통장 거래 내역의 경우 인터넷 뱅킹에서 거래 내역을 엑셀 파일로 다운로드)
② 재고 자산 보유 현황(12월 31일 기준): 재고 자산의 명칭, 종류, 단가, 수량, 금액
③ 대출 이자 내역 또는 대출 통장 거래 내역, 대출금 잔액 증명서(12월 31일 기준)
④ 자동차등록증, 차량리스료, 자동차 보험료, 자동차세, 건물 화재 보험료 납부 영수증
⑤ 재산세 및 주민세(사업소분) 납부 영수증 또는 지방세 세목별 과세증명원
　- 재산세는 사업용으로 사용하는 토지 또는 건물이 있는 경우에 한함
⑥ 퇴직연금 가입한 경우에 퇴직연금 납부확인서
⑦ 경조사 관련 청첩장 또는 부고장, 간이영수증, 상하수도 요금영수

증, 관리비영수증(세금계산서 없는 경우)

⑧ 주민등록등본 또는 가족관계증명서(부모님을 공제받는 경우), 장애인증명서(읍/면/동사무소 또는 의료기관, 항시 치료를 요하는 중증 환자) 배우자 및 자녀(만 20세이하), 부모님(만 60세 이상) 연간 소득 금액 100만원 이하

⑨ 홈택스 연말정산 간소화 서비스에서 조회 자료 PDF 파일 전체 (무주택자이면서 월세인 경우 임대차 계약서 및 임차료 송금 내역서)

⑩ 기부금 영수증 교회 및 사찰 등 종교 단체

* 보통은 위 서류를 세무사 사무실에 전달하면 된다. 세금계산서나 신용카드전표, 현금영수증, 계산서는 적격증빙이기 때문에 세무대리인 수임 동의를 하면 홈택스에서 자동으로 조회가 되므로 따로 제출할 필요가 없다. 누락된 종이 세금계산서나 계산서가 있다면 별도로 전달하면 된다.

## 002 부양가족 소득공제 잘 받는 방법 (부모님, 형제 자매, 자녀 등)

| 총 수입금액(매출액) | 200,000,000 |
|---|---|
| 필요경비(매입액 인건비, 경비) | -150,000,000 |
| 소득금액(순이익) | =50,000,000 |
| 소득공제(예시) | -4,500,000 |
| 과세표준 | =45,500,000 |
| 세율 | ×15% |
| 누진공제액 | -1,260,000 |
| 산출세액 | =5,565,000 |
| 세액감면 / 세액공제(예시) | -1,000,000(예시) |
| 결정세액 | =4,565,000 |

　소득공제란 소득금액에서 그만큼 차감해 준다는 것이다. 예를 들어 매출액이 2억이고 재료비와 인건비 및 기타 경비가 1억 5천만원이라면 순이익은 5천만원이 된다. 이때 순이익 5천만원을 세법에서는 '소득금액'이

라고 한다.

만약 본인과 배우자와 자녀 1명이 있다면, 소득세 신고시 부양 가족 1명당 150만원씩, 총 450만원을 소득공제 받을 수 있다. 소득금액에서 소득공제를 차감한 4천550만원이 과세 표준이 된다. 과세표준에 소득세율을 곱하면 산출세액이 나온다. 거기에서 세금을 깎아 주는 것이 세액감면과 세액공제다. 이 금액을 차감하면 최종적으로 납부해야 할 결정세액이 나온다.

위에서 설명했듯 소득세 신고를 할 때 부양 가족에 대한 소득공제를 1인당 150만원 받을 수 있다. 부양 가족에 대한 요건은 아래와 같다.

### 1) 공제 대상

본인, 배우자, 부모님과 배우자의 부모님(60세 이상), 자녀(20세 이하), 본인의 형제 자매 또는 배우자의 형제 자매(20세 이하 또는 60세 이상)

**공제 대상에 포함되는 자녀의 범위**
① 직계비속(나보다 아래세대)인 자녀·손자·손녀·외손자·외손녀
② 재혼한 배우자의 자녀(사실혼 제외)
③ 입양자
④ 직계비속(입양자 포함)과 직계비속의 배우자(며느리·사위)가 모두 장애인인 경우 직계비속의 배우자(예: 아들과 며느리가 모두 장애인일 경우 며느리도 해당)

### 2) 소득 요건

연간 소득금액이 100만원 이하여야 한다. 근로소득만 있는 경우에는

총급여가 500만원 이하면 공제 대상에 포함된다. 퇴직소득이나 양도소득도 소득금액이 100만원 이하여야 한다. 일용근로소득과 2천만원 이하의 금융소득(이자·배당)은 분리과세되기 때문에 소득금액 기준에 들어가지 않아 기본공제 대상이 된다.

### 3) 장애인 공제

- 추가로 200만원 소득공제

나이 제한은 없고, 소득금액이 100만원 이하여야 한다. 세법상 장애인이란 장애인복지법에 의한 장애인, 장애아동 복지지원법에 따른 장애아동 중 발달재활서비스를 지원받고 있는 사람, 국가유공자 등 법류에 의한 상이자(1~7급), 항시 치료를 요하는 중증 환자(병원에서 항시 치료를 요하는 중증 환자라는 증명서를 병원 또는 의원에서 발급)

### 4) 한부모공제

- 추가로 100만원 소득공제

배우자가 없는 사람으로서 기본공제 대상인 자녀나 손자녀가 있는 경우에 적용한다.

### 5) 공제를 받기 위한 서류

소득금액이 100만원 이하인지는 사장님이 스스로 확인을 해야 한다. 자녀나 부모님의 경우 홈택스에서 본인 인증 후 확인할 수 있다. 홈택스에 로그인 후 [나의 홈택스] - [나의 소득·연말정산] - [지급명세서·원천징수영수증 내역]에 접속하면 지급명세서를 확인할 수 있다. 지급명세서를 출력하면 보통 소득금액이 나온다. 나이 요건이 되고 소득금액이 100

만원 이하면 공제 대상이 된다.

    부양 가족 공제의 경우 주민등록번호가 나온 주민등록등본 또는 가족관계증명서가 필요하다. 직접 홈택스에서 세금 신고를 한다면 인적공제란에 성명과 주민등록번호를 입력한다. 세무사 사무실에 의뢰한다면 주민등록등본이나 가족관계증명서를 함께 보내주면 된다.

## 003 소득공제 받는 국민연금과 노란우산공제

먼저 소득공제와 세액공제의 차이를 알아야 한다. 소득공제란 과세대상이 되는 '소득금액(순이익)' 자체를 줄여 주는 제도이다. 예를 들어 매출이 5억이고 매입이 4억원이라면 순이익은 1억원이다. 앞에서 설명했듯 순이익을 세법에선 '소득금액'이라고 한다. 소득금액에서 빼 주는 것, 공제하는 것을 소득공제라고 한다.

소득금액이 높을수록 소득공제 효과가 크다. 소득세의 경우 소득금액이 높을수록 세율도 높아지기 때문이다. 아래 표를 참고하자.

| 소득금액 | 소득세율 |
| --- | --- |
| 0원부터 1천400만원 이하 | 6% |
| 1천400만원 초과 5천만원 이하 | 15% |
| 5천만원 초과 8천800만원 이하 | 24% |
| 8천800만원 초과 1억5천만원 이하 | 35% |
| 1억5천만원 초과 3억 이하 | 38% |
| 3억원 초과 5억 이하 | 40% |

| 소득금액 | 소득세율 |
| --- | --- |
| 5억원 초과 10억 이하 | 42% |
| 10억 초과 | 45% |

따라서 소득금액이 1억이면 35% 세율 구간에 들어간다. 그러면 이중 소득공제를 1천만원 받는다고 가정하면 세금이 얼마나 줄어들까? 1천만원의 35%인 350만원의 세금이 줄어든다.

세액공제는 계산된 세액에서 일정 금액을 직접 깎아 주는 제도이다. 순이익(소득금액)이 1억원일 때 여기에 세율을 적용하면 소득세가 대략 2천만원 정도 나온다. 산출된 소득세에서 직접 빼 주는 게 세액공제이므로, 세액공제를 100만원 해 준다면 2천만원에서 100만원 뺀 1천900만원으로 세금이 줄어들게 된다.

그렇다면 소득공제를 받을 수 있는 대표적인 금융 상품 두 가지를 알아보자.

### 국민연금

절세 금융 상품 중에 가장 첫째는 국민연금이다. 개업 후 직원 없이 사업을 시작하면 국민연금 '지역가입자'가 되는데, 많은 사장님들이 국민연금을 미납하곤 한다. 하지만 국민연금에 납부한 금액은 전액 소득공제 대상이므로 소득세 과세표준을 낮추는데 큰 도움이 된다. 만약 1년 동안 500만원의 국민연금을 납부했다면 그만큼 순이익에서 바로 차감되어 과세표준이 줄어들게 된다.

순이익이 1억원일 경우, 국민연금 납부액 500만원을 공제하면 과세표준은 9천500만원이 되고, 이 구간의 세율 35%를 적용하면 결과적으로 납부해야 할 세금이 175만원 줄어든다. 순이익이 7천만원인 사업자는 세율 24% 구간에서 500만원 국민연금 납부액에 대해 120만원의 세금 절감 효과를 누리게 된다. 소득구간이 높아질수록 세율이 오른다는 점을 고려하면, 고소득 사업자일수록 국민연금 소득공제로 얻는 이득 또한 커진다.

국민연금은 최소 10년 이상 가입해야 연금을 받을 수 있다. 또한 65세까지는 '임의계속가입'이라고 해서 계속 납부할 수 있다. 따라서 55세에 국민연금을 내기 시작하더라도 65세 이전까지 10년을 납부할 수 있다. 연금 수급 요건을 맞추기 위해서는 가능한 한 빨리 국민연금에 가입하는 게 유리하다.

사업주가 국민연금 보험료를 납부하면 그 납입액 전액이 소득공제 대상이 되어 과세표준을 낮출 수 있다. 특히 과거에 납부하지 못해 발생한 미납분을 '국민연금 추가납부(추납) 보험료'로 납입하더라도, 납부한 연도에 납입한 금액 전부를 소득공제 받을 수 있기 때문에 추가납부를 통해 연금 가입 기간을 보충하는 동시에 절세 효과까지 동시에 누릴 수 있다.

### 노란우산공제(소기업 소상공인 공제부금)

노란우산공제란 소기업·소상공인이 폐업이나 노령 등의 생계 위협으로부터 생활의 안정을 기하고 사업 재기 기회를 제공받을 수 있도록 사업자의 퇴직금(목돈 마련)을 위해 시행하는 공제 제도다. 공제금은 법에 의해 압류, 양도, 담보 제공이 금지되어 있어 생활 안정과 사업 재기를 위한 자금으로 활용할 수 있다. 물론 중간에 목돈이 필요하면 공제 계약 대출을 통해 급한 자금을 융통할 수도 있다.

가입 대상은 소기업 개인사업자 또는 법인의 대표자다. 보통 개인사업자만 될 거라 생각하는데 법인의 대표자도 가입할 수 있다. 월 납입 금액은 5만원에서 100만원까지 1만원 단위로 선택할 수 있다. 가입은 노란우산공제 홈페이지에서 할 수 있고, 혹은 은행 지점을 방문하거나 은행 모바일 앱을 이용해도 된다.

노란우산공제에 가입하면 소득공제 혜택을 볼 수 있다. 아래와 같이 소득금액에서 차감해 주기 때문에 최소 39만원에서 많게는 154만원까지 소득세를 절약할 수 있다.

| 사업소득금액 | 최대소득공제 한도 | 예상세율 | 절세효과 |
| --- | --- | --- | --- |
| 4천만원 이하 | 600만원 | 6.6~16.5% | 39~99만원 |
| 4천만원~6천만원 | 500만원 | 16.5~26.4% | 82~132만원 |
| 6천만원 ~1억원 이하 | 400만원 | 26.4~38.5% | 105~154만원 |
| 1억원 초과 | 200만원 | 38.5%~49.5% | 77~99만원 |

단, 법인대표자는 총급여 8천만원 초과시에는 근로소득금액에서 소득공제를 받을 수 없다.

유튜브
500만원 아끼는
절세금융상품 4개

Part 5. 세법상 감면·공제와 소득공제, 세액공제로 절세하는 방법

# 004 세금 깎는 연금저축
## - 연금저축보험과 연금저축펀드의 차이점

    연금저축은 매월 적금처럼 돈을 납입했다가 만 55세 이후 연금 형태로 수령하는 금융 상품이다. 납입액에 대해 연간 최대 600만원까지 세액공제 혜택을 제공한다. 세액공제율은 아래와 같이 종합소득금액 기준으로 나뉜다.

- 종합소득금액 4,500만원 이하: 납입액의 16.5%(지방소득세포함) 공제
- 종합소득금액 4,500만원 초과: 납입액의 13.2%(지방소득세포함) 공제

    만약 연 600만원 납입시, 소득구간에 따라 최대 99만원(600만×16.5%)을 세금에서 깎아 준다.

| 기준금액 | 종합소득금액 | | 근로소득 총급여 | |
| --- | --- | --- | --- | --- |
| 소득범위 | 4,500만원 이하 | 4,500만원 초과 | 5,500만원 이하 | 5,500만원 초과 |
| 세액공제 한도 | 600만원 | | 600만원 | |
| 공제율 | 16.5% | 13.2% | 16.5% | 13.2% |

| 기준금액 | 종합소득금액 | | 근로소득 총급여 | |
| --- | --- | --- | --- | --- |
| 공제금액 한도 | 99만원 | 79만2천원 | 99만원 | 79만2천원 |

* 지방소득세율 포함

연금저축은 연금저축보험과 연금저축펀드 크게 두 가지 유형이 있다.

연금저축보험은 보험사에 가입하는 상품이다. 장점은 안정성이 있고, 죽을 때까지 종신형으로 연금을 받을 수 있다는 것이다. 반면 안정적인 대신 이자율이 낮아서 수익률은 좀 떨어지는 편이다.

연금저축펀드는 증권사에 가입해서 펀드에 투자하는 상품이다. 자유롭게 납입할 수 있고 펀드에 투자하다 보니 수익률이 높을 수 있다는 장점이 있지만, 투자 손실을 볼 수도 있고 연금을 받을 때 기간을 미리 확정해야 한다는 단점이 있다.

| 구분 | 연금저축보험 | 연금저축펀드 |
| --- | --- | --- |
| 판매 금융기관 | 보험사 | 증권사 |
| 연금수령 | 종신 선택가능(생명보험)<br>확정기간(생명, 화재보험) | 확정기간 |
| 투자대상 | 공시이율 | 주식, 채권, ETF 등 |
| 예금자 보호 | 적용 | 미적용 |

유튜브
500만원 아끼는
절세 금융 상품 4개

## 005 자영업자 퇴직연금 들면 세액공제 되나요? – 퇴직연금 IRP

　IRP(Individual Retirement Pension)란 개인적으로 가입한 퇴직연금이다. 사업자는 회사에 속한 근로자가 아니기 때문에 퇴직금이 없다. 그래서 개인적으로 퇴직연금에 가입할 수 있도록 한 것이 퇴직연금 IRP다.
　퇴직연금 IRP는 1년에 최대 900만원까지 세액공제 혜택을 준다. 이 한도는 연금저축과 합산하여 900만원이다. (예: 연금저축 600만+IRP 300만원). 세액공제는 종합소득금액이 4천500만원(총급여 5천500만원) 이하 16.5%(지방소득세 포함)로 최대 148만 5,000원, 4천500만원 초과하면 13.2%로 최대 118만 8천원의 혜택을 받는다.

# 006 정규직원 1명만 고용해도 최대 4천650만원 세금 절약

사장님이 정규직 직원을 고용했는데 직원 수가 증가한 경우 '통합고용세액공제' 혜택을 받을 수 있다. 사장님이 충청북도 충주에서 사업을 하는 중소기업이라고 해 보자. 그러면 청년(15~34세) 1명을 고용한 경우 1년에 1천550만원씩 3년간 최대 4천650만원의 세액공제를 받을 수 있다. 단, 공제연도 이후 2년 이내에 직원이 감소하면 공제받은 세금을 다시 납부해야 한다.

| 구분 | 중소기업(3년) | | 중견기업 (3년) | 대기업(3년) |
| --- | --- | --- | --- | --- |
| | 수도권 | 지방 | | |
| 청년(15~34세) 장애인, 60세이상, 경력단절여성 등 | 1천450만원 | 1천550만원 | 800만원 | 400만원 |
| 기타 상시근로자 | 850만원 | 950만원 | 450만원 | 없음 |

통합고용세액공제 제도의 목적은 고용증가다. 따라서 작년보다 상시근로자가 증가했을 때 혜택을 받을 수 있다. 상시근로자는 근로계약을 체결한 4대보험 가입 근로자를 말한다. 하지만 모든 근로자가 해당되는 것은 아니다. 아래 대상은 상시근로자로 인정되지 않으니 주의해야 한다.

**상시근로자 적용 불가 대상**
- 근로계약 1년 미만 근로자
- 단시간 근로자(월 60시간 미만)
- 법인의 임원 및 주주
- 대표자 혹은 최대주주 친족
- 국민연금, 건강보험 미가입자

주의해야 할 점은 공제를 받은 후 2년 이내에 고용이 감소하면 공제받은 세금을 다시 납부해야 한다는 것이다. 그만큼 고용 유지에 신경을 써야 한다. 또 업종이 소비성 서비스업(호텔업, 여관업, 주점업, 유흥목적의 업)에 해당한다면 통합고용세액공제를 받을 수 없다.

**Tip**

# 통합고용세액공제 활용을 위해 근로계약서 보관은 필수

통합고용세액공제를 최대한 활용하기 위해서는 근로계약서를 꼭 작성하고 보관해야 한다. 기본적으로 통합고용세액공제는 근로계약 1년 이상인 상시근로자만 적용받을 수 있다.

그런데 처음 근로계약서를 작성할 때는 1년 이상으로 정했다고 하더라도 1년을 근무 안 하고 퇴사하는 직원도 있을 수 있다. 그럼 이런 직원들은 적용이 안 될까?

아니다. 원래 1년 이상 근무하기로 근로계약을 한 경우는 적용 받을 수 있다. 그래서 근로계약서가 중요하다. 이 직원이 처음부터 3개월, 6개월 등 1년 미만으로 근로계약을 맺은 게 아니라는 것을 입증해야 하기 때문이다.

결론적으로 근로계약서를 1년 이상으로 했는데도 불구하고 1년 미만 근무하고 퇴사한 경우에도 통합고용세액공제를 적용 받을 수 있다. 물론 작년보다 근로자 수가 전체적으로 증가한 경우만 가능한 점은 주의해야 한다.

통합고용세액공제 뿐만 아니라 고용증대세액공제도 있다. 비슷한 제도지만 약간은 다르다. 만약 고용증대세액공제를 못 받은 분은 과거 5년치에 대한 세금을 경정청구를 통해 환급받을 수 있다. 예를 들어 2020년부터 2024년까지 5년치에 대한 경정청구를 할 수 있다. 경정청구 가능기간은 소득세 확정신고기한 경과후 5년이다. 예를 들어 20년 귀속 소득세는 21년 5월 31일까지이므로 26년 5월 31일까지 경정청구를 통해 세금을 환급받을 수 있다.

유튜브
고용증대세액공제로
1천만원 환급받기

# 007 기업 부설 연구소 또는 연구 전담 부서로 세액공제 받는 방법

연구인력개발비 세액공제는 기업이 신기술, 신제품, 콘텐츠 등 연구개발(R&D)과 인력 개발에 사용한 비용의 일부를 법인세 또는 소득세에서 공제해 주는 제도이다.

연구소 직원이 4명이고 이에 대한 인건비가 1억원이라고 하면 최소 25%인 2천500만원의 세금을 절약할 수 있다. 직원 한 명의 인건비만큼 세금 혜택을 볼 수 있기에 가능하다면 놓치지 말고 받아야 한다. 중소기업의 경우 최저한세에도 해당되지 않아 연구인력개발비의 25% 전액을 세액공제 받을 수 있고 공제세액이 남은 경우 10년간 이월해서 공제받을 수 있다.

연구인력개발비 세액공제를 받기 위해서는 기업부설연구소나 연구개발전담부서에서 연구·개발업무를 해야 한다. 연구소를 설립할 수 있는 요건은 다음과 같다.

기업부설연구소 또는 연구개발 전담부서의 설립은 기업부설연구소/전담부서 신고관리시스템 홈페이지(https://www.rnd.or.kr)를 통해 신청할 수 있다. 기업부설 연구소 연구개발전담부서(연구부서)외에 다른 부서가 반드시 있어야 하고, 해당 부서에 1인 이상의 상시 근로자(대표자 제외)가 있어야 한다. 인적, 물적 요건은 아래와 같다.

### 인적 요건(기업부설연구소와 연구개발 전담부서)
#### 인원
기업부설연구소는 기업 규모에 따라 연구 전담 요원이 2명~10명 이상 근무해야 한다. 연구개발전담부서는 1명 이상만 근무해도 가능하다.

#### 연구원 학위 및 자격증
① 과학기술분야: 자연계 전공자 또는 관련분야 산업기사, 기사 등의 자격증 소유자
② 서비스 분야: 비자연계 전공자도 가능하지만 반드시 기업의 주업종(매출이 가장 많이 발생한 업종)과 연구개발분야가 일치해야 한다.

### 물적 요건(기업부설연구소 및 연구전담부서)
#### 원칙
고정 벽체와 별도의 출입문으로 다른 부서와 구분하여 독립적인 공간을 확보해야 한다.

#### 예외
중소기업이나 벤처기업 등은 50㎡를 초과하는 면적을 연구공간으로 확보할 수 없는 경우에는 칸막이 등으로 다른 부서와 구분할 수 있다.

기업부설연구소나 연구개발전담부서를 법에 맞게 설치하고 이에 맞는 연구원을 고용하여 연구개발 활동을 하면 인건비와 재료비, 인력개발비에 대해 세액공제를 받을 수 있다.

연구인력개발비 세액공제를 받기 위해서는 실제로 연구 활동을 해야 하고 이에 대한 기록도 남겨야 한다. 필수적으로 연구개발계획서와 연구개발보고서 및 연구노트를 구비해야 한다.

한편 연구인력개발비 세액공제를 받을 수 있는지 헷갈린다면 국세청에서 연구인력개발비 세액공제 사전심사를 받을 수도 있다.

## 008 중소기업이면 세금 깎아 주나요?

중소기업 중에서 일부 업종은 세금을 깎아 준다. '중소기업 특별세액감면'이라고 하는데 이에 해당하면 소득세나 법인세에서 최소 5%에서 많게는 30%까지 세금을 감면해 준다. 예를 들어 소득세가 1억이라고 하면 거기의 10%를 감면받을 수 있으므로 1천만원을 절세하는 것이다.

감면 한도는 연간 최대 1억원이며, 상시근로자 수가 감소하면 1명당 500만원씩 한도가 줄어든다. 세액감면은 법인세 또는 소득세에서 직접 차감하는 방식이며, 수도권 내 중기업은 대부분 업종에서는 감면대상이 아니다. 단, 수도권 내 중기업 중에서 일반서적 출판업(교과서·참고서·만화 제외)은 2025년 귀속부터 감면이 된다.

이에 해당하는 업종의 종류는 상당히 많아서 인터넷에서 검색해 보는 것을 추천한다. 대표적으로 도소매업(인터넷쇼핑몰), 제조업, 건설업, 출판업, 물류산업, 관세사, 신재생에너지발전산업(태양광, 풍력) 등이 있다.

| 지역구분 | | 업종구분 | 25년 귀속 기준 |
|---|---|---|---|
| 수도권 | 소기업 | 도매, 소매, 의료업 | 산출세액의 10% |
| | | 그 외 해당업종 | 20% |
| | 중기업 | 일반서적 출판업<br>(2025년 귀속부터 적용) | 10% |
| 수도권 외 | 소기업 | 도매, 소매, 의료업 | 산출세액의 10% |
| | | 그 외 해당업종 | 30% |
| | 중기업 | 도매, 소매, 의료업 | 5% |
| | | 그 외 해당업종 | 15% |

\* 수도권: 서울, 인천, 경기 전체 지역.
\* 소기업: 제조업은 120억, 도소매/정보통신업 50억, 부동산업 30억, 숙박/음식점업 10억이하

# 개인사업자 vs 법인사업자 장단점과 법인 전환

Part 6

사업을 할 때 개인과 법인 중에서 어떤 것으로 할지 헷갈리는 경우가 많다. 업종의 특성과 순이익 등에 따라 선택기준이 달라질 수 있다. 개인과 법인의 차이점과 장단점 및 법인 전환하는 방법에 대해 자세히 알아보자.

### 첫째, 개인사업자와 법인사업자의 차이점은 뭘까?

막연하게만 알고 있던 차이점에 대해서 쉽게 설명해 드리겠다.

### 둘째, 개인과 법인 중에 어떤 것이 절세에 유리할까?

개인이 유리할지 법인이 유리할지는 인허가 업종여부, 매출처(공공기관 또는 대기업), 순이익 등에 따라 달라질 수 있다. 선택 기준을 알려드리겠다.

### 셋째, 개인사업자에서 법인으로 바꾸는 방법은 여러 가지가 있는데 크게 2가지로 나눠진다.

첫째 법인을 신설하는 방법이다. 둘째, 기존 개인사업자를 법인으로 전환하는 방법이다. 각각의 장단점을 비교해 보겠다.

### 넷째, 개인사업자에서 법인으로 전환하게 되면 절세할 수 있는 방법이 많다.

그중에 대표적인 것이 영업권을 통해 절세하는 것이다. 구체적인 절세 효과와 요건을 알아보자.

# 개인사업자와 법인사업자의 차이점

**Q: 개인사업자와 법인사업자의 가장 큰 차이점은 무엇인가?**

A: 가장 큰 차이점은 소득의 주인이 누구인가 하는 것이다. 개인사업자는 소득이 모두 사업자 본인 것이다. 반면에 법인은 소득의 주체가 법인이기 때문에, 대표자가 마음대로 돈을 쓸 수 없다. 그래서 개인사업자는 소득세를 내고 남은 돈을 마음대로 쓸 수 있지만, 법인은 그렇지 않다.

|  | 개인사업자 | 법인사업자 |
| --- | --- | --- |
| 소득의 주체 | 사업자 본인 | 법인 자체 |
| 소득 사용 | 소득세를 낸 후 남은 돈 마음대로 사용 가능 | 법인 소득은 회사 자산으로, 대표자가 마음대로 사용 불가 (대표자는 급여, 배당, 퇴직금 형태로 소득을 가져옴) |
| 세금 | 소득세 | 법인세 |

| 세율 | 개인사업자 | | 법인사업자 | |
|---|---|---|---|---|
| | 1천400만원 이하 | 6% | 2억 이하 | 9% |
| | 1천400~5천만원 이하 | 15% | 2억~200억 | 19% |
| | 5천~8천800만원 이하 | 24% | 200억~3천억 | 21% |
| | 8천800~1억5천만원 | 35% | 3천억 초과 | 24% |
| | 1억5천~3억 이하 | 38% | | |
| | 3억~5억 이하 | 40% | | |
| | 5억~10억 이하 | 42% | | |
| | 10억 초과 | 45% | | |

### Q: 개인사업자와 법인사업자의 소득세 및 법인세의 차이는 어떤가?

A: 개인사업자는 소득세율이 6%에서 45%까지 올라간다. 예를 들어, 순이익이 8,800만원을 넘으면 35%의 세율이 적용되고, 10억이 넘으면 45%까지 올라간다. 반면에 법인세율은 2억 이하의 순이익에 대해 9%, 2억 초과 200억 이하의 순이익에 대해 19%이다. 법인의 세율은 개인 소득세율의 절반 정도이기 때문에, 세금 부담이 줄어든다.

### Q: 구체적으로 세금 차이가 얼마나 나는가?

A: 개인사업자가 10억을 벌면 소득세가 약 4억 2천만원 나온다. 남는 돈은 약 5억 8천만원 법인이 10억을 벌면 법인세가 약 1억 9천만원 나온다. 남는 돈은 약 8억 1천만원이다. 즉, 법인이 세후 2억 3천만원을 더 많이 남길 수 있다.

|  | 개인사업자 | 법인사업자 |
|---|---|---|
| 순이익 | 10억원 | 10억원 |
| 세금 | 4억2천만원 | 1억9천만원 |
| 세금 내고 남는 금액 | 5억8천만원 | 8억1천만원 |
| 세후 순이익 차이 |  | 2억3천만원 많음 |

**Q: 법인사업자가 유리한 상황은 언제인가?**

A: 법인은 남는 돈으로 사업 확장이 유리하다. 공장이나 건물, 각종 기자재 등을 구입할 수 있기 때문이다. 만약 회사를 확장하고 더 많은 시설 투자로 회사를 키우고 싶다면 법인이 유리하다. 반대로, 소득을 자유롭게 사용하고 싶은 사장님은 개인사업자가 편하다.

아래 유튜브 영상의 '개인사업자 vs 법인사업자의 장단점과 법인 전환에 관련한 절세 방법'을 통해 더 심층적으로 이해하는 것을 추천한다.

유튜브
개인사업자 VS 법인사업자
장단점과 법인 전환 절세방법

## 002 개인사업자가 법인사업자보다 유리할 때

개인사업자가 유리한 경우는 아래 4가지 경우다.

**첫째, 청년 창업중소기업 세액감면을 100% 받는 청년은 개인사업자가 유리하다.**

청년(15세~34세)인데 수도권과밀억제권역 밖에서 25년까지 창업하는 경우 소득세를 100% 감면받는다. 예를 들어 청년이 김포나 파주, 양주에서 인터넷쇼핑몰을 하거나 제조업, 건설업, 음식업을 하는 경우 5년간 소득세와 지방세를 100% 감면 받는다. 세금을 한 푼도 안 내는 것이다.

그런데 법인으로 하면 법인세는 100% 감면되지만, 법인지방소득세는 감면되지 않는다. 예를 들어서 법인의 순이익이 20억원이라면, 법인세 3억6천만원(세율 18%)은 전액 면제되지만, 지방소득세 3천600만원(법인세의 10%)은 그대로 납부해야 한다.

또 한가지 문제가 있다. 법인세가 100% 감면되더라도 그건 법인 자체의 세금이 감면된 것이지 개인 대표자의 근로소득세를 깎아주는 게 아니다. 대표가 만약 급여로 1억을 가져간다고 해도 감면이 안된다. 대표는 감면대상이 아니다. 법인만 대상이다.

결론적으로 청년 창업중소기업감면을 100% 5년간 받는다면 개인사업자가 훨씬 유리하다. 소득세와 지방세가 모두 감면이 되기 때문이다.

### 둘째, 소비자 상대 업종 매출 10억 이하인 경우다.

소비자를 상대로 하는 업종은 2026년까지 1천만원의 신용카드 발행 세액공제를 받을 수 있다. 음식점, 문구점, 카페, 소매점 등이 소비자 상대 업종이다. 이에 해당하는 경우 부가세를 1천만원이나 덜 낼 수 있다. (단, 전년도 매출이 10억 이하) 법인으로 하게 되면 신용카드 발행 세액공제를 받을 수 없으므로 개인사업자로 하는 게 부가세 측면에서 유리하다.

음식업의 경우 '의제매입 세액공제'라는 것이 있다. 음식업은 고기나 야채, 생선 같은 면세 재화를 많이 사용한다. 그래서 면세 재화를 구입하더라도 일부 부가세를 공제받을 수 있다. 면세라 부가세가 없지만, 있는 것처럼 의제해서 부가세를 깎아 주는 것이다. 개인사업자의 공제율이 보통 8/108, 9/109인 반면, 법인은 6/106으로 더 낮다.

공제한도도 법인이 더 적다. 개인은 보통 60% 이상을 받는데, 법인은 50% 밖에 적용이 안 된다. 그래서 음식업의 경우 매출 10억 이하면 대체로 개인이 법인보다 유리하다.

### 셋째, 순이익을 자유롭게 쓰고 싶은 사람은 개인사업자가 유리하다.

개인사업자는 사업에서 발생한 수익금을 마음대로 사용할 수 있다. 물론 소득세와 지방세는 내야 하지만, 법인은 아무리 대표라고 하더라도 법인 통장에서 돈을 마음대로 인출할 수 없다. 법인은 대표와는 별개의 주체이기 때문이다. 그래서 법인에서 인출하려면 대표자는 급여, 배당, 퇴직금 명목으로 가져가야 한다.

그러므로 자금을 자유롭게 사용 하고 싶은 사장님은 개인사업자가 유리하다. 법인에서 만약 대표가 돈을 인출하면 다시 법인에 갚아야 한다. 이를 대표이사의 가지급금이라고 하는데, 가지급금이 많으면 법인의 신용도가 떨어지고 세무조사의 대상이 될 수도 있다.

### 넷째, 처음 창업하는 사업자는 일반적으로 개인이 유리하다.

처음 개업하면서 개인으로 할지 법인으로 할지 물어보는 사장님이 많다. 처음에는 개인사업자를 추천드린다. 회사 설립부터 유지 비용까지 개인이 훨씬 저렴하기 때문이다. 세금 혜택도 사업 초기에는 개인사업자가 더 많이 받을 수 있다.

법인은 설립, 유지, 관리하는 데 추가 비용이 들어간다. 처음에 설립할 때 등록면허세와 법무사비용이 들어가고, 유지할 때도 세무사 기장료가 개인사업자보다 연간 100~200만원 더 비싸다. 3년에 한 번씩 이사나 감사의 연임, 주소 변경 등기도 해 줘야 한다. 법인을 유지하기 위해서는 이런 관리 비용이 개인사업자보다 연간 수백만원 더 들어간다.

물론 건설업과 여행사업 같이 최저 자본금이 있어야 하는 업종은 법인으로 하는 게 유리하다. 이런 법인은 자본금을 일정금액 이상 갖춰야 할 수 있기 때문이다.

이런 경우를 제외한 일반적인 제조업, 음식업, 서비스업, 도소매업은 개인사업자를 추천드린다. 개인사업자를 하면서 3~5년 하면서 순이익이 많이 나면, 그때 법인으로 전환해서 영업권을 받고 절세할 수도 있다.

결론적으로 개인사업자가 법인보다 유리할 때는 크게 4가지 경우다. 첫째, 청년 창업감면 100% 받는 경우, 둘째, 음식업(소비자 상대 업종)을 하는데 매출이 10억 이하인 경우, 셋째, 순이익을 내 맘대로 쓰고 싶은 개인사업자, 넷째, 처음 창업하는 사업자다. 이런 경우에는 개인이 법인보다 상대적으로 유리하다. 그렇기 때문에 세무사와 상의해서 종합적으로 검토해 보고 개인으로 할지 법인으로 할지 결정해야 한다.

**유튜브**
법인보다 개인이 좋은
5가지 이유

## 003 법인사업자가 개인사업자보다 유리할 때

법인이 개인사업자로 하는 것보다 유리한 경우는 크게 3가지다.

**첫째, 순이익이 많이 나오는 경우 상대적으로 법인이 유리하다.**

법인세율이 소득세율보다 낮기 때문이다. 개인사업자의 순이익 2억이라고 하면 소득세율이 38% 구간이 된다. 그래서 세금이 6천166만원(지방세 포함) 나온다.

법인의 순이익이 2억이라고 하면 법인세율이 9.9%(지방세 포함)이므로 세금이 1천980만원 나온다. 어림 잡아도 대략 4천만원 이상 개인사업자가 더 많은 세금을 내야 한다. 이렇게 세금이 많이 나오는 경우 절세를 위해 법인을 설립하는 게 유리하다.

**둘째, 공공기관 입찰이나 대기업 하청을 받는 경우에는 개인사업자보다 법인이 대외적으로 더 공신력 있다.**

그래서 공공기관 입찰이나 대기업의 하청을 받는 경우 법인을 더 선호한다. 사장님이 운영하는 업종이 이런 업종에 해당한다면 법인으로 하는 게 더 유리하다.

**셋째, 개인사업자보다 법인이 가족에게 증여 또는 상속하기가 유리하다.**

가업 승계에 따른 증여나 상속도 법인이 유리하게 설계되어 있기 때문이다. 그리고 법인으로 설립하면서 가족 법인을 만들면 주주 구성을 가족으로 할 수도 있다. 그러면 평소에 배당을 통해 법인의 이익을 나눠줄 수도 있다.

Tip

# 가족 법인으로 절세하는 방법

요새 가족 법인에 대한 언급이 많이 되는데, 가족 법인이 뭘까? 한마디로 말해서 가족들이 함께 구성원이 되어 만든 법인이다. 법인의 주인은 바로 주주다. 그런 주주를 가족들로 구성해서 만든 게 가족 법인이다. 지금의 삼성 그룹이나 현대 그룹도 모두 처음에는 가족 법인으로 시작했다. 그렇다면 가족 법인으로 세금을 줄이는 법을 알아보자.

**첫째, 가족 법인을 활용하면 상대적으로 낮은 법인세를 적용받을 수 있다.**

가장 좋은 방법은 아버지나 어머니가 기존에 개인 사업을 하는 경우 그걸 법인으로 만들면 좋다. 소득세에 비해 법인세가 낮기 때문이다. 소득세와 법인세 차이는 거의 2배가 차이난다. 종합소득세율은 6%~45%인데 반해, 법인세는 9%~19%이다. 순이익이 2억 이하면 9%, 2억 초과 200억까지 19%로 법인세는 종합소득세의 절반밖에 안 된다.

만약 개인사업자로 순이익이 10억이면 지방세 포함 소득세가 4억 2천만원, 법인세는 1억 9천만원 정도 나온다. 즉 법인세가 2억 3천만원이나 적다. 세금 내고 남은 금액이 개인은 5억8천이고, 법인은 8억1천만원인 것이다. 법인은 세금 내고 남은 8억으로 공장을 지을 수도 있고 사람을 더 고용할 수도 있다. 한마디로 투자할 수 있는 잉여 자금이 많아지므로, 회사를 더 키우고 싶으면 법인으로 하는 게 훨씬 유리하다.

**둘째, 가족 법인으로 부동산 임대나 투자를 통해 절세할 수 있다.**

부동산임대업을 개인으로 해서 순이익 2억이면 지방세 포함 소득세가 6천166만원이다. 그런데 법인은 법인세가 대략 1천980만원 정도 나온다. 4천만원 넘게 절세가 된다.

가족 법인을 만들어서 상가나 오피스텔, 땅에 투자할 수도 있다. 가족 법인으로 5억짜리 땅을 샀는데 10년 후 15억이 되었다면, 자기 지분율만큼 자산이 증가된 효과가 있는 것이다. 예를 들어 아버지 25%, 어머니 25%, 아들 25%, 딸 25% 이렇게 지분을 갖고 있다면, 부동산 상승분 10억에 대해 각자의 지분이 25%씩이므로 1인당 2억5천만원 만큼 자산이 늘어난 것이다.

그래서 법인으로 부동산에 투자하게 되면 배우자나 자녀에게 자연스럽게 수익이 분배되어, 증여세 없이 부를 골고루 나눌 수 있게 된다. 물론, 법인이 땅을 판다면 그에 대한 법인세를 내야 한다. 그리고 법인의 수익금을 배당한다면 배당소득세도 내야 한다.

**셋째, 배당소득 분산으로 절세할 수 있다.**

만약 아버지 혼자 100% 지분을 가진 회사에서 배당을 8천만원 받으면, 금융소득이 2천만원을 초과해서 금융소득 종합과세 대상이 된다. 그러면 2천만원을 초과하는 부분은 다른 근로소득이나 사업소득과 합산되어서 더 높은 세율(16.5%~49.5%)로 과세될 수 있다. 그러면 세금을 많이 내게 된다.

만약 가족 법인으로 아버지, 어머니, 아들, 딸 각각 25%로 지분을 가지면, 8천만원 각각 2천만원씩 배당된다. 그러면 15.4%로 분리과세를 적용받아서 아버지 혼자 받는 것에 비해 세금을 절약할 수 있다. 추가로 자녀들에게 배당금 명목으로 자금도 만들어 줄 수 있게 된다.

### 넷째, 같은 금액을 부동산으로 상속·증여하는 것보다 주식으로 증여하면 취득세가 없기 때문에 유리하다.

부동산을 상속받게 되면 취득세를 내야 한다. 예를 들어 부동산이 10억이라고 하면 취득세를 3천160만원이나 내야 한다.

그런데 가족법인 명의로 부동산을 편입시키고 설립 시점부터 가족이 주식을 100% 소유한 경우라면, '부동산'으로 상속받는 게 아니라 법인의 '주식'으로 상속받게 된다. 그러면 부동산 취득이 아니라, 주식 승계이기 때문에 취득세가 없다.

### 다섯째, 상속·증여시 가족 법인에 속한 부동산은 기준시가나 장부가액으로 평가할 수 있다.

상속이나 증여시 재산평가는 시세로 하는 게 원칙이다. 그래서 시세가 높으면 높을수록 상속세나 증여세를 많이 내야 한다.

꼬마 빌딩을 상속이나 증여받을 때는 시세로 평가한다. 그래서 보통 감정평가를 받는 게 원칙이다. 그런데 가족 법인이 꼬마 빌딩을 갖고 있으면 주식으로 상속이나 증여가 이루어진다. 그러면 부동산을 평가할 때 시세가 아니라 기준시가나 장부가액으로 평가하게 된다. 그래서 평가금액이 감정평가보다 더 낮게 나온다. 그래서 상속세나 증여세를 절세할 수 있다.

예를 들어 꼬마 빌딩 감정가액이 20억이라면, 기준시가나 장부가액은 15억이나 17억이 될 수도 있다. 따라서 부동산으로 받는 것보다 가족 법인 주식으로 받는 게 상속세나 증여세를 절세할 수 있다.

### 가족 법인의 설립 방법

그렇다면 가족 법인은 어떻게 만들까? 처음 설립할 때 주주를 아버지, 어머니, 자녀 이렇게 구성하면 된다. 법인 설립시 자본금을 납입하는데, 이때 자본금을 2억원으로 한다고 하면 아버지 5천만원, 어머니 5천만원, 아들 5천만원, 딸 5천만원과 같이 납입하면 된다.

그런데 아들과 딸이 자본금 납입할 돈이 없다면 현금으로 증여하는 방법도 있다. 자녀가 만 19세 이상이면 10년에 5천만원까지 증여재산공제를 받아 증여세 없이 줄 수 있다.

참고로 2024년부터 자녀의 혼인신고일로부터 전후 2년, 자녀가 손자녀를 출산한 날로부터 2년 이내에 추가로 1억을 더 공제받는다. 그래서 자녀 혼인이나 손자녀의 출산이 있을 때 증여하면서 가족 법인을 설립하는 것도 좋은 방법이다.

유튜브
가족법인으로 절세하는
5가지 방법

# 004 신설 법인 vs 법인 전환 장단점

사장님이 기존에 개인사업자를 하고 있는데 순이익이 많아서 소득세가 많이 나온다. 그럴 때는 어떻게 하면 좋을까?

방법은 2가지다. 첫째, 신설 법인을 만드는 것이다. 신설 법인은 기존의 개인사업자와 무관하게 별개로 만드는 것이다. 신설 법인은 자본금을 적게 해도 괜찮다. 둘째, 기존의 개인사업자를 법인으로 전환하는 것이다. 사업의 포괄양수도를 통해서 기존의 개인사업자를 법인으로 바꾸는 것이다. 개인에서 법인으로 연속성 있게 가는 것이다. 장·단점을 잘 따져보고 선택하면 된다.

신설 법인을 만드는 것은 설립이 간단하고 초기 자본금이 적게 든다는 장점이 있다. 다만 기존에 업력이 없기 때문에 대출이 어려울 수 있다. 기존의 사업자를 법인으로 전환하는 방식의 장점은, 사업의 연속성 있어 신용도가 높다는 것이다. 또한 법인 전환하면서 영업권 설정으로 절세할 수 있다. (단, 토지 또는 건물이 없는 경우 유리) 그러나 역시 단점도 있는데, 초기 자본금이 많이 들어간다는 것이다. 개인사업자의 순자산 이상으로 자본금을 넣어야 하기 때문에 자금이 많이 들어간다.

|  | 신설 법인 | 법인 전환 |
| --- | --- | --- |
| 법인설립절차 | 간단 | 복잡함 |
| 자본금 | 100만원 이상 소액 가능(일부 업종 제외하고 자본금 규제 없음) | 개인사업의 순자산 이상 |
| 신용도 | 낮음 | 높음(기존 실적 유지) |
| 영업권 설정 | 불가능 | 가능(토지·건물이 없는 경우 유리) |

정리하자면 신설 법인은 소액의 자본금으로 설립할 수 있기에 자금 부담이 적다. 그래서 개인사업자와 별개로 시작하고 싶은 사장님이 선택하면 좋다. 법인 전환은 자본의 여유가 있고 영업권으로 절세하고 싶은 사장님에게 적합하다.

유튜브
개인 VS 법인사업자
장단점과 법인 전환 절세방법

## 005 법인 전환하면서 권리금 받고 절세하는 방법

개인사업자에서 법인으로 전환할 때 영업권을 통해 세금을 절세할 수 있다. 영업권은 쉽게 말하면 권리금이다. 권리금이란 영업 시설이나 노하우, 단골고객 등을 넘겨주면서 받는 대가다. 사장님이 만약 치킨집을 하고 있는데 그걸 다른 사람에게 팔면 권리금을 받을 것이다. 기존 시설도, 단골 고객도 있기 때문이다.

개인사업자에서 법인으로 전환하는 것도 마찬가지다. 개인과 법인은 주체가 다르기 때문에 권리금을 주고받는 게 가능하다. 개인사업자는 사장님 본인이 주인이지만, 법인은 법에서 정한 새로운 인격체로 별개의 주체이기 때문이다.

### 1) 영업권 설정방법

영업권을 설정할 때는 감정평가법인을 통해서 감정평가를 받는 게 좋다. 왜냐하면 객관적으로 시가를 측정할 수 있기 때문이다.

### 2) 영업권의 절세효과

세법상 영업권은 기타소득으로 60%의 필요 경비를 공제해 준다. 예를 들어 영업권의 금액이 2억원이 나왔다고 하자. 그러면 거기의 60%인 1억 2천만원은 필요경비로 인정되어 나머지 8천만원에 대해서만 세금을 내면 된다. 쉽게 생각하면 1억 2천만원은 세금을 한푼도 내지 않는 비과세 소득이 된다. 8천만원에 대해서는 22%로 원천징수해서 1천760만원을 기타소득세로 내야 한다. (단, 기타소득과 다른 소득을 합쳐서 다음해에 종합소득세로 신고해야 한다.)

만약 사업소득(순이익)으로 2억을 가져온다면 세금을 6천166만원 정도 내야 한다. 거기에다 건강보험료까지 따지면 더 많은 돈을 내야 한다. 같은 2억을 영업권으로 가져오게 되면 4천688만원을 절세할 수 있다.

| 비교 | 사업소득(순이익) 2억원 | 영업권 소득 2억원 |
| --- | --- | --- |
| 필요경비 | 없음 | 필요경비 60% |
| 필요경비액 | 없음 | 1억2천만원 |
| 과세표준 | 2억원 | 8천만원 |
| 원천징수 | 없음 | 1천760만원 |
| 실제 세부담액 | 6천166만원 | 1천478만원 |
| 소득세 절세액 |  | 4천688만원 |
| 건강보험료(8%) | 1천600만원 | 640만원 |
| 건강보험료 절세액 |  | 960만원 |

\* 건강보험료: 실제 '25년 지역가입자 건강보험료율은 7.09%이나, 장기요양보험포함 8% 계상

또한, 법인의 영업권 계상으로 인한 절세 효과도 볼 수 있다. 법인은

개인에게 영업권 대금 2억원을 지급해야 한다. 지급할 때는 기타소득세 1천760만원을 공제한 나머지 1억 8천240만원만 지급하면 된다. 법인은 2억원을 영업권으로 해서 고정 자산으로 등록할 수 있다. 그러면 5년에 걸쳐 감가상각비로 비용 처리할 수 있다. 매년 4천만원씩 비용으로 인정받을 수 있는 것이다. 법인의 순이익이 2억원 이하라고 가정했을 때, 매년 4천만원씩 감가상각비로 비용 처리하면 순이익이 1억6천만원이 된다. 그러면 법인세율 9.9%(지방세 포함)으로 따졌을 때 매년 396만원씩 5년간 1천980만원을 절세할 수 있다.

결론적으로 개인에서 법인으로 전환할 때 영업권을 설정하면 소득세와 법인세를 크게 절세할 수 있다. 영업권에 대한 금액이 커서 자금 부담을 느낄 수도 있지만, 그럴 때는 법인이 일단 영업권에 대한 기타소득 원천징수를 하고 세금을 내자. 그런 다음 법인과 개인사업자가 협의해서 지급 일정을 정하면 된다.

유튜브
가족법인과
영업권으로 절세하기

# Part 7
# 업종별 절세 포인트

## 001 유튜버

요새 유튜버가 대세다. 초등학생들의 장래희망에도 상위 순위에 오를 만큼 인기다. 통상 유튜버는 유튜브뿐만 아니라 아프리카 TV, 틱톡, 인스타그램 릴스 등의 플랫폼에서 다양하게 활동한다.

### 1) 사업자등록 해야 하나?

유튜브를 시작할 때 처음부터 사업자등록을 해야 할까? 꼭 그렇진 않다. 초기에 취미로 할 때는 수익이 거의 발생하지 않는다. 유튜브에서 정한 기준에 도달해야 하고 수익이 100달러 이상 누적되어야 소득이 지급된다. 그러므로 소득이 나올 때부터 사업자등록을 할지 정하면 된다.

### 2) 인적용역 VS 사업자등록

유튜버로 사업을 하는 방법은 크게 3가지다.

첫째, 사업자등록을 하지 않고 그냥 인적용역(업종코드 940306, 1인 미디어 콘텐츠 창작자)으로 사업소득을 신고하는 것이다. 보통 개인이 독립된 자격으로 사무실 없이 다른 사람을 고용하지 않고 셀프로 운영하는 경우다. 이런 경우 인적용역으로 25년에 유튜브에서 받은 소득을 26년 5월에 종합소득세로 신고하면 된다. 구글에서 1년 동안 받은 입금 내역을 참고하여, 원화로 환산한 금액을 신고하면 된다.

둘째, 미디어 콘텐츠 창작업(업종코드 921505)으로 사업자등록을 내고 운영할 수 있다. 이때는 인적, 물적 시설을 갖출 수 있다. 사무실을 임차할 수도 있고 카메라와 같은 각종 장비도 구입하거나 촬영을 도와주는 PD나 직원의 인건비도 비용 처리 할 수 있다. 업종코드 921505로 사업자등록을 내면 부가세를 내야 한다.

그렇다면 간이과세와 일반과세 중 어떤 걸로 할까? 구글에서 받는 애드센스수입은 외화획득용역으로 부가세 영세율이 적용된다. 쉽게 말해서 부가세가 없다는 것이다. 매출이 1천만원이든 1억이든 간에 거기에 부가세 10%를 내지 않아도 된다. 따라서 일반과세자가 유리하다. 매출 부가세는 없고, 카메라 또는 촬영 장비 등을 구입한 매입에 대한 부가세는 환급받을 수 있기 때문이다. 예를 들어 매출이 1억이고 매출부가세는 0원이고, 스튜디오 설치비가 5천500만원(부가세 500만원 포함) 들었다고 해 보자. 그러면 매출 부가세는 없기 때문에 매입하면서 낸 부가세 500만원을 환급받는다.

물론 유튜브를 하면서 국내 다른 업체에서 광고나 협찬을 받는다면 그것은 영세율이 적용되지 않는다. 구글에서 외화로 받은 것만 부가세가 없는 영세율이 적용되는 것이다.

셋째, MCN(멀티채널네트워크)은 쉽게 생각하면 유튜버들의 연예기획사다. 이들 회사는 전문적으로 유튜버를 영입해 성장시키고 수익을 함께 나눈다. MCN 소속 유튜버는 회사와 계약을 맺고 소득의 3.3%의 세금을 공제한 나머지를 소득으로 받는다. 그러면 인적용역(940306)으로 동일하게 세금을 신고하면 된다.

차이가 있다면, 소속 없이 활동하는 유튜버가 3.3%의 세금을 원천징수하지 않는 반면, MCN 소속은 소득을 받을 때마다 미리 3.3%의 세금을 내는 것이다. 미리 낸 세금은 나중에 종합소득세 신고할 때 그만큼 공제해 준다. 만약 MCN 소속 유튜버가 1억원을 받으면서 3.3%인 330만원을 먼저 원천징수해서 냈다고 가정하자. 다음 해 5월 종합소득세 신고할 때 세금이 2천만원이 나왔다고 하면 그중 330만원을 뺀 나머지 1천670만원만 내면 된다.

| 구분 | 미디어 콘텐츠 창작업 | 1인 미디어 콘텐츠 창작자 |
|---|---|---|
| 업종코드 | 921505 | 940306 |
| 부가세 과세여부 | 부가세 과세 | 부가세 면세 |
| 사업자등록 여부 | 등록 | 미등록 |
| 유형 | 사업자등록하고 인적/물적 설비 갖춤 | 1인 프리랜서 MCN 소속 프리랜서 |

### 3) 소득세 및 법인세 절세방법

　미디어 콘텐츠 창작업(업종코드 921505)로 사업자등록을 하면 정보통신업에 해당된다. 이 경우 나이나 지역, 기타요건을 갖추면 창업중소기업 세액감면을 받을 수 있다. 청년(15~34세)이 2025년까지 수도권 과밀억제권역 밖에서 창업하면 5년간 소득세와 법인세를 100% 감면해 준다. 자세한 사항은 1장 창업 지역만 잘 골라도 반값 세금[Part 1. 001]을 참조하면 된다.

　그러나 사업자등록을 하지 않은 1인 미디어 콘텐츠 창작업은, 한국표준산업분류에서는 정보통신업에 해당하지만 국세청은 여전히 인적용역자로 보기 때문에 감면 대상이 아니라는 입장이다. 그래서 나중에 이의신청이나 경정청구를 통해서 감면을 받아야 하는 번거로움이 있다. 감면을 확실히 받으려면 미디어 콘텐츠 창작업(업종코드 921505) 과세 사업자로 사업자등록을 하는 게 좋다.

### 4) 사업자등록할 때 유의할 사항

창업중소기업 세액감면은 처음 사업자등록하는 업종에만 적용되고 업종 추가에는 적용되지 않는다. 따라서 미디어콘텐츠 창작업 뿐만 아니라 별도의 기업 광고를 받을 거라면 광고대행업(업종코드 743002), 유튜버 내에서 물건을 판매할 거라면 전자상거래 소매업(업종코드 525101)을 처음부터 함께 등록하는 게 좋다.

만약 이렇게 사업자등록을 하지 않고 나중에 추가한다면 기존에 사업자에 추가하지 말고, 새롭게 광고대행업과 전자상거래 소매업을 따로 별도의 장소에 사업자등록 신규로 내야 한다. 그래야 창업중소기업 세액감면을 별도로 받을 수 있다. 물론 예전에 동일 업종 창업 이력이 없어야 하는 등 세법에서 정한 요건을 갖춰야 한다.

### 5) 유튜버가 내야 하는 세금은?

유튜버가 내야 하는 세금은 소득세와 부가가치세 2가지이다.

#### ① 부가가치세

국내 사업자는 보통 전체 매출의 10%를 부가세로 내야 하지만 유튜버는 사정이 조금 다르다. 우선, 유튜브 영상 수익에 대한 부가가치세는 영세율이 적용된다. 유튜버는 국외 사업자인 구글로부터 광고 대행 명목으로 돈을 받는 형태이기 때문이다. 이는 '용역의 국외 공급'에 해당해 부가가치세가 면제되는 것이다.

하지만 면제라고 해서 세금 신고 의무까지 면제된 건 아니다. 외국환 은행이 발급하는 외화입금증명서 등 영세율 적용 첨부 서류를 제출해야 부가세를 면제받을 수 있다. 깜빡 잊고 부가세 신고하지 않으면 가산세를 내야 한다.

한편, 개별 후원 계좌 등으로 받은 후원금, 광고주와 직접 광고 계약을 맺고 받은 광고료 등도 부가가치세 신고를 해야 한다.

② **종합소득세**

1인 미디어 콘텐츠 창작자, 미디어 콘텐츠 창작자 둘 모두 매년 5월 종합소득세 신고를 해야 한다. 종합소득세는 직전 1년간 사업 활동을 통해 번 모든 소득을 합산해 신고하는 것이기 때문에, 소득이 발생했다면 세금 신고를 해야 하는 게 기본 원칙이다.

**유튜버 종합소득세 신고 절세 매뉴얼**

|  | 주요 내용 |
|---|---|
| 필요경비<br>(공제항목) | - 장비 구입비(카메라, 컴퓨터 등)<br>- 소프트웨어/앱 구입비<br>- 사무실 임차료, 공과금<br>- 촬영 소품, 의상, 소도구<br>- 편집비, 외주비, 인건비<br>- 인터넷/통신비, 전기료<br>- 광고비, 마케팅비<br>- 업무용 차량 유지비<br>- 교육비, 도서구입비 등 |

| | 주요 내용 |
|---|---|
| 소득공제, 세액공제 | - 국민연금, 노란우산공제연금저축, 퇴직연금 IRP |
| 소득세감면 | - 창업중소기업 세액감면(요건충족시 50~100% 감면) 또는<br>- 중소기업 특별세액감면(규모나 지역에 따라 15~30%) |
| 사업자등록 | ① 미디어콘텐츠 창작업(921505, 과세 사업자)<br>② 1인 미디어콘텐츠 창작자(940306, 면세 사업자) |
| 신고시기 | - 매년 5월 종합소득세 신고<br>- 부가세는 1~6월(7월 25일) 7~12월(1월 25일)<br>일반과세자 연 2회, 간이과세자 연 1회 |

## 002 음식점업

### 1) 창업 지역에 따른 소득세·법인세 감면 여부

기본적으로 음식점업은 창업중소기업 세액감면 대상이다. 그래서 청년 여부와 창업 지역에 따라 감면 여부가 달라진다. 자세한 내용은 창업 지역만 잘 골라도 반값 세금**[Part 1. 001]**을 참조하면 된다. 하지만, 다른 사람이 하던 식당을 인수한 경우나, 카페나 주점 등 일부 업종이라면 감면 대상에서 제외된다.

### 2) 일반 VS 간이

처음에 사업자등록할 때 일반과세자와 간이과세자 중에서 어떤 게 유리할까? 단순히 세금만 놓고 따졌을 때는 간이과세자가 유리하다. 일반과세자는 부가세를 10% 내야 하는 반면, 간이과세자는 1.5%만 내면 되기 때문이다.

그런데 초기 시설 투자가 많은 경우 일반과세자가 유리할 수도 있다. 음식점은 프랜차이즈로 많이 창업하는데, 인테리어 비용과 시설 투자 비용이 커서 매입세액(부가가치세)이 크게 발생한다. 예를 들어 인테리어비가 2.2억원 들어갔다고 하면 2천만원이 부가세다. 2천만원을 환급받기 위해서는 일반과세자로 등록해야 한다. 반면 간이과세자로 등록하면 매입

세액이 아무리 많아도 부가세를 환급받을 수 없다.

간이과세자가 유리한 상황은 초기 투자비가 크지 않고, 매출 규모도 적은 경우다. 음식점의 경우 부가율이 1.5%로 낮아 세부담이 적고, 신고·납부 주기가 연 1회로 간편하다. 또한 연 매출이 4천800만원 이하라면 부가세 납부가 면제되는 장점도 있다. 참고로, 간이과세자는 매출이 늘어서 1억400만원을 초과하게 되면 자동으로 일반과세자로 전환된다.

### 3) 카드 단말기 설치, 배민, 요기요 등 배달앱

음식점은 카드 단말기 설치를 통해 카드결제와 배달앱 결제 모두 원활하게 운영할 수 있다. 카드 단말기 신청은 사업자등록 후 누구나 가능하며, 배민·요기요 등 배달앱 매출도 반드시 사업 매출로 신고해야 한다. 매출 누락시 가산세 등 불이익이 있다.

배민, 요기요 등 배달앱은 카드 결제, 간편 결제 등 다양한 결제 수단을 지원하며, 매출 내역은 정산 시스템을 통해 확인 가능하다. 배달앱 매출 역시 카드 매출과 마찬가지로 국세청에 자동 신고되어 투명한 매출 관리가 가능하다.

### 4) 계산서를 받으면 부가세 절세

의제매입세액공제를 받기 위해서는 계산서를 잘 챙겨야 한다. 의제매입세액공제란, 쌀·채소·고기 등 부가세가 없는 면세 재료 구입액의 일정 비율을 매입세액으로 공제받을 수 있는 제도이다.

음식점을 운영하다 보면 농·축·수산물 등 '면세' 품목을 구입하게 되는데, 구입시 부가가치세(10%)를 따로 내지 않는다. 그런데 이런 면세 식

재료를 사서 요리(과세)를 만들어 판매할 때는 부가세를 세금으로 내야 해서 다른 업종에 비해 세금 부담이 크다. 이런 불이익을 줄여 주기 위해 정부가 만들어놓은 제도가 바로 의제매입세액공제다.

예를 들어 일반과세자인 음식점이 5천500만원(부가세 포함)의 매출을 낸 경우 500만원의 부가세를 내야 한다. 여기서 면세 식재료를 1천만원치 구입했다고 하면 9/109(약 8.26%)인 약 82만원을 공제해 준다. 매출세액 500만원에서 매입세액 82만원을 뺀 나머지 418만원을 납부하면 되는 것이다. 그렇기 때문에 매입 자료 중에서 면세 계산서를 잘 챙겨야 한다. 자세한 것은 부가세 절세방법 중 음식업은 농·축·수산물 살 때 계산서도 부가세 공제[Part 3. 006]를 참고하자.

유튜브
음식점 창업할 때 영업신고증,
사업자등록, 사업용계좌 및 신용카드

# 003 인터넷쇼핑몰 (통신판매업)

인터넷쇼핑몰(통신판매업)을 하는 사장님들이 절세하려면 아래 내용을 명심하는 게 좋다.

**첫째, 창업 중소기업감면을 받기 위해서는 가급적이면 수도권 과밀억제권역 밖에서 창업하면 좋다.**

① 수도권 과밀억제권역 밖 – 화성, 양주, 포천, 김포, 동두천 등

수도권 과밀억제권역 밖에 2025년까지 창업하면 청년(15~34세 이하)의 경우 소득세와 법인세를 5년간 100% 감면해 준다. 만약 순이익이 1억이라고 하면 소득세가 대략 1년에 2천만원이다. 그러면 5년이나 100% 깎아 주므로 1억원의 세금을 절세할 수 있다.

청년이 아닌 사장님도 소득세 50% 5년간 감면해 준다. 청년이 아닌 중장년도 2천만원에서 50% 깎이니까 1천만원 줄어든다. 5년 깎아 주면 5천만원 절세할 수 있다.

② 수도권 과밀억제권역 안 – 서울 같은 곳

서울 등 수도권 과밀억제권역에서 창업하는 경우 청년은 5년 동안 50% 감면되지만, 청년 아닌 사장님들은 혜택이 없다. 가급적이면 수도권

과밀억제권역 밖에 하는 게 좋다. 즉 집이 의정부라면 의정부에 하는 게 아니라 동두천이나 양주에 사업장을 내는 게 좋다.

인터넷쇼핑몰이므로 따로 임대할 필요 없이 집으로 사업장 주소를 정해도 된다. 그런데 만약 서울 강동구에 산다고 가정했을 때, 청년이면 50% 감면 되지만 34살이 넘은 사람이면 감면받을 수 없다. 이때 가까운 경기도 광주에 사업장을 낸다면 세금을 최소 50% 이상 절약할 수 있다.

### 둘째, 창업할 때 통신판매업도 내야 한다.

온라인 쇼핑몰(스마트스토어, 쿠팡, 자사몰 등)이나 인터넷을 통한 상품 판매를 시작할 때는 사업자등록만으로 끝나는 것이 아니라, 반드시 통신판매업 신고도 해야 한다. 이 부분을 놓치면 과태료 등 불이익이 발생할 수 있으니 주의해야 한다.

사업자등록 내고 정부24 또는 시·군·구청에 가서 통신판매업도 별도로 신고해야 한다. 신고를 완료하면 통신판매업 신고증이 발급되는데, 이 정보를 쇼핑몰 하단에 사업자정보와 함께 반드시 표기해야 한다. 통신판매업 신고시 구매안전서비스 이용확인증이 필요한데, 네이버 스마트스토어나 국민은행 등에서 발급받을 수 있다.

### 셋째, 간이과세자로 할까, 일반과세자로 할까?

가능하면 간이과세자가 좋다. 연매출 1억400만원 이하는 간이과세자로 등록 가능하다. 인터넷쇼핑몰은 초기 시설 투자가 많지 않으므로 대부분은 간이과세자가 좋다. 일반과세자가 부가세 10% 내면, 1억원 팔 경우 세금이 1천만원이다. 그런데 간이는 150만원 내면 된다. 간이가 일반에 비해 거의 1/7밖에 안 된다.

만약 시설 투자를 위해 건물을 산다면, 당연히 일반과세자로 내야 한다. 그래야 부가세 환급받을 수 있기 때문이다. 예를 들어 10억짜리 상가를 사서 사업장을 낸다면 부가세가 1억이다. 환급받기 위해서는 당연히 일반과세로 내야 한다.

**넷째, 신용카드 발행 세액공제를 꼭 챙겨야 한다.**

인터넷쇼핑몰에서 신용카드나 현금영수증으로 결제를 받으면 판매금액의 1.3%를 부가가치세에서 깍아 준다. 예를 들어 신용카드로 1억원을 팔았다고 하면 130만원을 깎아 주는데, 2025년 기준으로 1년 한도가 1천만원이다. 이것만 잘 챙겨도 1천만원 아낄 수 있다. 사장님이 직접 신고하는 경우 자주 누락되니 꼭 챙겨야 한다. 법인사업자와 직전연도 공급가액 10억원 이상인 개인사업자는 공제를 받을 수 없다.

유튜브
인터넷 쇼핑몰 통신판매업
세금 1,000만원 절약하는 방법

## 004 건설업

건설업은 건축물, 토목, 설비 등 각종 구조물을 건설·유지·보수하는 업종을 말한다. 이 중 전문건설업은 토공, 실내건축, 기계설비, 전기, 방수 등 특정 공종을 전문적으로 시공하는 업종이다. 건설업은 등록 사업이므로, 법령에서 정한 등록 기준을 충족해야만 사업을 영위할 수 있다. 단, 경미한 건설공사(종합공사 5천만원 미만, 전문공사는 1천500만원 미만)는 건설 면허가 없어도 사업자등록을 할 수 있다.

건설업의 등록기준은 크게 4가지를 충족해야 한다.
1) 자본금
2) 기술 능력(기술자)
3) 시설 장비(사무실)
4) 보증 가능 금액 확인서(공제조합 출자예치)

### 1) 자본금

자본금은 개인과 법인의 경우가 다르다. 건설업종별로 구분된 법인의 자본금 기준은 인터넷에 검색해 보면 된다. 자본금은 한마디로 처음에 법인설립 할 때 들어가는 자기 자본이라고 생각하면 된다. 예를 들어

실내건축공사업을 등록한다고 하면 자본금 1억5천만원 이상으로 법인을 설립해야 한다.

### 2) 기술 능력

기술 능력은 한마디로 공인된 기술자를 몇 명 이상 상시 채용해야 한다는 것이다. 한 건설사에 등록된 기술자는 다른 회사에 근로자로 고용될 수 없고, 사내이사 또는 감사, 사외이사도 안 된다. 사업자등록이 있어서도 안 된다. 단, 예외적으로 부동산임대업은 해도 괜찮다.

기술자는 크게 2가지 방법으로 인정 받을 수 있다.

#### ① 한국기술인협회

협회에서 기술자에 따라 경력, 자격, 학력, 분야, 등급을 나눠서 경력수첩을 만들어준다. 종합건설업을 등록하기 위해서는 기술인협회에 등록된 인원으로 기술자를 채용해야 한다.

#### ② 국가기술자격법에 따른 자격증을 소지한 자

기술사, 기능장, 기사, 산업기사, 기능사 등으로 자격증을 소지한 자.

### 3) 시설 장비
#### ① 공통

건설업은 사무실이 있어야 한다. 사무실은 다른 사무실과 독립적으로 구분되어야 한다. 주택이나 창고, 농업,축산업,수산업,임업 관련 시설에는 사무실을 등록할 수 없다. 설사 임대차 계약을 맺었다고 하더라도 건설업 등록이 안 되니 주의하기 바란다.

② 개별

업종별 또는 업무분야별로 갖추어야 할 기계 장치나 시설 장비가 있다. 그것은 건설업 등록 기준을 참고하면 된다.

### 4) 보증 가능 금액 확인서

보증 가능 금액 확인서는 건설공제조합에 일정액을 예치하면 발급해 준다. 업종별로 신용평가 등급별로 예치액이 달라진다.

건설업은 조기 결산을 통해 부채비율, 유동비율, 실질자본금을 맞춰야 한다. 실질자본금이 기준 금액 이상이어야 건설 면허(전문, 종합)를 유지할 수 있다. 부채비율과 유동비율은 조달청의 공사를 수주할 때 일정 비율 이상이어야 심사를 통과할 수 있다. 그래서 건설업의 경우 재무비율과 실질 자본금을 수시로 체크해 줘야 한다.

# 005 모바일 게임 제작업

요즘은 모바일로 할 수 있는 게임의 종류가 엄청나게 많다. 모바일 게임 제작업을 창업하면서 절세할 수 있는 방법을 알아보자.

### 1) 창업할 때 업종 등록하는 방법

창업중소기업 세액감면을 받기 위해서는 처음에 창업할 때 관련 업종을 동시에 같이 사업자등록하는 게 좋다. 나중에 업종을 추가하면 감면이 안 되기 때문이다. 업종을 추가해서 감면을 받으려면 사업자등록을 새롭게 내야 한다. 그러니까 최초 창업시 관련 업종을 모두 등록해 두는 게 좋다.

사업자등록할 때 업태에 소프트웨어개발업, 종목은 모바일게임제작업으로 하면 되고, 업종코드는 722002다. 인앱결제가 있다면 전자상거래 소매업(업종코드 525101), 광고 수익이 있다면 광고대행업(업종코드743002)도 같이 등록하는 게 좋다. 사업자등록 시 업종코드를 복수로 등록해 두면, 향후 인앱결제, 광고수익 등 다양한 수익 구조에 대응할 수 있다.

## 2) 모바일 게임 제작업 등록시 고려해야 할 6가지

### 첫째, 개인사업자로 할지 법인사업자로 할 것인가?

가장 먼저 개인사업자로 할지 법인사업자로 할지 정하는 게 중요하다. 소규모로 하거나 혼자서 하는 경우 일반적으로 개인사업자가 유리하다. 세금도 적게 나오고 관리도 편하기 때문이다.

모바일게임을 법인사업자로 창업하는 경우는 동업을 한다거나 사업 규모가 큰 경우이다. 일반적으로 법인세는 순이익 2억 이하 9%, 2억 초과 19%이기 때문에 세금 부담이 적다. 그러나 나중에 대표이사나 주주가 근로소득이나 배당소득으로 받아갈 때 근로소득세와 배당소득세를 내야 한다. 만약 나중에 투자를 받을 계획이 있다고 하면 법인이 유리하다.

### 둘째, 창업 지역 정하기

창업지역이 어디냐에 따라 세금을 감면받는 비율이 크게 달라진다. 예를 들어 청년(15~34세 이하)이 2025년까지 수도권 과밀억제권역 밖에 모바일 게임 제작업을 창업하는 경우 5년간 소득세(법인세)를 100% 감면받을 수 있다. 청년은 수도권 과밀억제권역 내에서 창업을 해도 50% 감면받을 수 있다. 하지만 청년이 아닌 사람은 수도권 과밀억제권역 밖에 창업을 해야만 50% 감면을 받을 수 있다. 자세한 내용은 창업지역만 잘 골라도 반값 세금[Part 1. 001]을 참고하자.

### 셋째, 사업자등록신청하기

모바일게임 사업자등록은 신분증과 임대차 계약서를 갖고 세무서 또는 홈택스에서 신청하면 된다. 본인 거주지(자가 또는 임대)에서도 창업할 수 있다. 그러나 게임제작업은 등록할 때 근린생활시설(사무실, 상가)

을 요구하는 경우가 많아 가급적이면 사무실이나 상가에 창업을 하는 게 좋다. 그래도 간혹 집에서도 게임제작업 등록을 해 주는 경우도 있으니 미리 시청이나 구청 담당자에게 알아보는 게 좋다.

사업자등록을 할 때 먼저 게임제작업 신고증을 받아 오라는 경우도 있다. 그럴 때는 시청이나 구청에서 미리 게임제작업을 등록하고 등록증을 같이 제출하면 된다.

### 넷째, 게임제작업 등록하기

게임제작업 등록은 관할 시청, 구청 또는 정부24사이트에서 신청하자. 필요 서류는 영업소의 임대차 계약서 사본(임차한 경우에 한함), 제작 시설 및 장비의 명세서이다. 제작 시설 및 장비의 명세서는 보유한 컴퓨터와 모니터 및 프로그램명을 적으면 된다.

### 다섯째, 통신판매업 등록하기

인앱결제가 있다면 통신판매업 신고를 해야 한다. 시청, 구청 또는 정부24사이트에서 통신판매업 신고를 한다. 며칠 뒤 승인이 났다고 안내받은 후 등록증을 찾으러 가거나 정부24에서 출력하면 된다.

### 여섯째, 위치기반서비스사업 신고하기

만약에 위치정보(GPS등)를 사용하고 위치정보를 서버로(서버에 저장하지 않더라도) 전송하는 앱이나 서비스를 만든다면 위치기반서비스사업을 신고해야 한다. 과학기술정보통신부 방송전자민원센터(방송통신위원회)에서 신고하면 된다 (https://www.emsit.go.kr).

### 3) 부가세 절약하는 방법

인앱결제가 외국에서 됐다면 영세율 적용을 받을 수 있다. 일반과세자인 경우 국내 매출은 부가세 10%를 내야 한다. 하지만 외국에서 판매된 부분은 영세율(0%)의 세율 그러니까 부가세가 없다. 그래서 부가세 신고할 때 영세율 첨부서류인 외화입금증명서(은행 발급)를 반드시 제출해야 한다.

영세율이 적용되면 해당 매출에 대해 부가가치세를 내지 않고, 매입세액 환급도 받을 수 있다. 광고비는 매입세액공제 대상이므로, 광고대행사나 플랫폼에서 세금계산서를 꼭 받자. 그래야 부가가치세 신고시 매입세액공제를 받을 수 있다. 간혹 카드로 광고 금액을 충전하고 매입세금계산서도 동시에 받는 경우가 있다. 그럴 경우 중복 공제가 되지 않도록 세금계산서만 부가세 공제를 받아야 한다. 이럴 때는 신용카드 결제 부분은 부가세 공제가 되지 않고 단순히 외상매입금을 결제하는 용도에 불과하다.

## 006 학원업

영어, 수학 등 교과 학원을 운영할 때 꼭 알아야 할 절세 방법이 있다.

### 1) 학원 절세는 부가세 면세 사업자 발급으로부터 시작!

학원은 교육청 인허가 업종으로 신고 또는 허가를 받았다면 면세 사업자 발급이 가능하다. 간혹 간이과세자로 사업자를 발급했거나 더 심한 경우 일반사업자로 사업하는 원장님들도 있다. 반드시 면세로 사업자등록증을 발급받아야 부가세 없이 사업을 할 수 있다.

### 2) 인테리어비와 책상, 의자 등 시설 투자 비용 처리

학원을 처음 개업하게 되면 인테리어비나 책상, 의자 구입비 등이 많이 들어간다. 적게는 1~2천만원에서 많게는 1억원이 넘기도 한다. 시설 투자 금액을 비용 처리 하기 위해서는 세금계산서 또는 신용카드 전표나 현금영수증을 받아야 한다. 그런데 대부분의 학원이 면세 사업자라 세금계산서를 받더라도 부가세 환급을 받지 못한다. 그래서 세금계산서를 안 받고 인테리어를 하는 경우가 간혹 있다. 이럴 경우 어떻게 비용 처리를 할 수 있을까?

이때에는 인테리어 계약서와 통장 거래 내역을 바탕으로 비용 처리

할 수 있다. 만약 인테리어비가 1억원이 들어갔다고 하면 보통 4년에 나눠서 감가상각비로 비용으로 인정받을 수 있다. 다만, 세금계산서 등 적격증빙을 받지 않았기 때문에 인테리어금액의 2%의 증빙불비가산세를 내야 할 수도 있다.

### 3) 인건비 신고를 잘 하자!

개원시 선생님(직원)을 초청 혹은 고용하면 방식에 따라 4대 보험을 들거나 프리랜서(인적용역 원천징수 3.3%)로 인건비를 신고해야 한다. 만약 고정된 출근 시간, 약속된 월급, 원장님과 상하 관계가 있다면 근로계약서를 작성하고 4대보험 가입을 권장한다.

반면, 수업별 또는 원생별 퍼센트로 수당 지급, 선생님 자율에 따른 수업 진행, 원장님과의 상하 관계가 없다면 용역계약서를 작성하고 프리랜서(인적용역 3.3%) 신고를 권장한다. 이렇게 프리랜서로 신고했다고 하더라도 종종 강사 중에 퇴직금을 요구하는 경우가 있다. 그래서 고용 관계가 아니라는 것을 입증하기 위해서는 반드시 용역계약서를 세부적으로 작성하고 보관해 두어야 한다.

### 4) 학원은 현금영수증 의무발행업종

학원은 현금영수증 의무발행업종으로 10만원 이상 결제시 고객이 원치 않더라도 현금영수증을 의무적으로 발행해야 한다. 고객의 정보를 모르는 경우 국세청 지정 코드(010-000-1234)로 자진 발급 해야 한다. 만약 현금영수증을 발행하지 않고 적발될 경우 미발급금액의 20% 과태료를 내야 한다. 누락된 매출에 대한 소득세와 가산세도 추가로 내야 하니 불이익이 크다. 그래서 절대로 현금영수증 발행을 누락해서는 안 된다.

## 007 부동산임대업 (상가, 공장, 오피스텔 등)

부동산 임대업이란 오피스텔, 상가, 공장 등을 임대하고 월세를 받는 사업이다. 임대업을 시작하면 사업개시일 20일 이내에 사업자등록을 해야 한다. 임대사업장이 여러 곳이면 사업장별로 각각 사업자등록을 하는 게 원칙이다. 하지만 사업자단위과세라고 해서 1개의 사업자번호로 여러 사업장을 운영할 수도 있으니 참고하자.

부동산임대업은 다른 업종에 비해 상대적으로 필요 경비가 적은 편이다. 그래서 경비를 잘 챙겨야 부가세와 소득세를 절약할 수 있다. 구체적인 항목을 알아보자.

### 1) 인건비

건물 관리를 위해 직원을 고용한 경우 인건비로 비용 처리 할 수 있다. 4대 보험을 들어야 하는 정규직으로 고용할 수도 있고, 청소와 같이 특정 용역만 제공한다면 프리랜서(인적용역 3.3%)로 비용 처리할 수 있다. 인건비를 비용 처리 하기 위해서는 원천세 신고를 해야 한다. 자세한 내용은 정규직 또는 인적 용역, 일용직 있으면 원천세 신고**[Part 2. 003]**를 참고하자.

### 2) 각종 세금 및 공과금

임대 건물과 관련한 재산세, 종합부동산세, 사용료, 교통유발부담금 등은 비용 처리가 가능하다. 하지만 범칙금, 벌금, 과태료 등은 비용 처리되지 않는다.

### 3) 수선비 및 유지관리비

건물을 고치기 위한 수선비와 수리비, 유지비, 화재보험료 등이 포함된다.

### 4) 관리비와 공과금

임대인이 직접 부담하는 인터넷, 전화, 핸드폰, 전기, 가스, 수도 요금 등은 비용 처리를 할 수 있다. 그러기 위해서는 인터넷이나 도시가스 요금 명의를 반드시 사업자로 해 두어야 한다. 각 회사 고객센터에 연락해서 사업자로 등록해 달라고 요청하고 세금계산서를 받는 게 좋다.

여기서 주의할 게 있다. 임대인이 직접 부담하는 게 아니라 임차인이 준 것을 단순히 대납하는 경우에는 비용 처리가 되지 않는다. 왜냐하면 그것은 실제로 임차인이 납부한 것이기 때문이다.

### 5) 대출이자 비용

임대용 부동산을 취득, 임대보증금 반환 등 임대사업 관련 대출 이자는 비용으로 인정된다. 신용대출도 임대용 부동산 관련 이자는 비용 처리 가능하다.

### 6) 중개수수료, 세무대리 비용 등

임대차 계약 체결시 중개수수료, 세무사 비용, 법무사 비용 등도 비용으로 인정된다.

### 7) 감가상각비

임대용 건물에 대한 감가상각비는 건물내용연수에 따라 매년 비용 처리할 수 있다. 단, 감가상각을 할 경우 나중에 건물 처분시 양도세가 많아지게 된다. 감가상각을 한 만큼 당초 취득가액에서 차감되기 때문이다. 예를 들어 1억에 구입한 건물을 매년 500만원씩 감가상각비로 20년을 비용 처리하게 되면 나중에 취득가액은 0원이 된다. 그래서 양도세가 늘어난다.

# 008 부동산 매매업 (주택 및 상가)

　부동산 매매업은 계속, 반복적으로 부동산(주거용·비주거용 건물, 토지 등)을 매매하는 사업을 말한다. 원래 부동산을 매매하는 경우에는 양도소득세를 낸다. 그런데 매매를 계속, 반복적으로 사업으로서 하는 경우에는 사업자등록을 내고 부동산매매업을 할 수 있다. 부동산 매매업으로 인정받기 위해서는 사업자등록을 하고, 구입한 부동산을 재고 자산으로 장부 기장을 해야 한다. 왜냐하면 개인적으로 보유한 부동산과 사업 목적의 판매 부동산과는 구별해야 하기 때문이다.

### 1) 부동산 매매업의 장점

　부동산 매매업의 최대 장점은 단기 양도시에도 고율의 양도세(40~70%)를 내는 게 아니라 종합소득세율(6~45%)로 세금을 낸다는 것이다. 양도소득세는 보유기간에 따라 40~70%의 중과세율이 적용되지만, 사업소득은 6~45%의 종합소득세율이 적용된다. 예를 들어 보유기간 1년 미만 주택 양도시 양도차익이 1억원일 경우 양도세와 종합소득세는 다음과 같다.

- 양도세: 7천만원(1억원 × 70%)
- 종합소득세: 1천956만원(1억원 × 35% - 1,544만원)

\* 단, 조정대상지역 주택, 비사업용 토지, 미등기 부동산, 분양권은 비교과세가 적용되어, 양도세와 종합소득세 중 더 큰 세액이 부과된다.

부동산매매업은 경비 처리할 때도 유리하다. 사업소득의 경우 취득 및 양도시에 필수적으로 들어가는 비용은 물론이고 사무실 유지비, 인건비 그리고 이자비용이나 차량유지비 등 각종 비용을 공제할 수 있다. 따라서 경비의 활용도 측면에서는 매매사업자가 훨씬 더 유용성이 있다.

따라서 양도세 중과세가 적용되지 않는 다음의 상황에서는 부동산 매매업이 유리하다고 할 수 있다.

- 단기 매매의 경우(구입 후 2년 미만)
- 이자 비용이 많이 들어간 경우: 이자 비용의 공제
- 인건비가 들어간 경우: 사업과 관련된 종업원 인건비도 공제 가능
- 기타 일반 관리비가 많이 발생하는 경우: 교통비, 차량비도 공제 가능
- 사업에서 발생한 결손금이 있는 경우: 매매사업소득과 통산 가능

### 2) 부동산 매매차익 예정 신고를 해야 한다

개인 부동산 매매업자가 토지 또는 건물을 매매한 경우, 매매일이 속하는 달의 말일부터 2개월 이내에 매매차익 예정신고를 해야 한다. 매매차익이 없거나 손실이 발생한 경우에도 반드시 신고해야 하며, 예정 신고를 하지 않으면 무신고가산세(20%) 등 가산세가 부과된다. 그리고, 예정

신고를 한 후에도 종합소득세 확정 신고를 별도로 해야 한다.

### 3) 부동산 매매업으로 사업자등록시 고려사항
#### ① 개인 매매사업자 VS 법인 매매사업자

개인 매매사업자는 주로 단기 매매(2년 미만) 시 유리하며, 조정대상지역 주택이나 비사업용토지는 양도세와 소득세 중 높은 세율이 적용된다. 85㎡ 초과 주택이나 상가·공장 건물 매매시 건물분에 대해 10% 부가가치세가 부과된다. 대표자 급여는 비용 처리가 불가하며, 사업 관련 직접비용만 경비로 인정받을 수 있다.

법인 매매사업자는 법인세율(최대 24%)이 적용되고, 주택은 양도차익에 20% 추가과세, 비사업용 토지는 10% 추가과세가 있다. 대표자 급여와 각종 비용을 인건비 등으로 비용 처리할 수 있어 세금 절감에 유리하다. 종합부동산세는 기본 공제가 없으나, 다양한 비용 처리와 이월결손금 공제 등으로 절세 효과를 볼 수 있다

|  | 개인 매매사업자 | 법인 매매사업자 |
|---|---|---|
| 세율 | 소득세 6~45%<br>(조정대상지역 주택과<br>비사업용토지는 비교과세) | 2억 이하: 9%<br>2억 초과 200억 이하: 19%<br>(주택은 20% 추가 과세,<br>비사업용토지 10% 추가 과세) |
| 부가세 | 85㎡ 초과 주택<br>건물분의 10%<br>상가 및 공장 건물 10% | 85㎡ 초과 주택<br>건물분의 10%<br>상가 및 공장 건물 10% |

|  | 개인 매매사업자 | 법인 매매사업자 |
|---|---|---|
| 종합부동산세 | 9억원 공제 있음<br>(1세대1주택 12억공제)<br>12억 이하: 0.5~1%<br>12억 초과 25억 이하:<br>1.3~2%<br>25억 초과 50억 이하:<br>1.5~3% | 기본공제 없음<br>2주택(조정1주택): 2.7%<br>3주택(조정2주택): 5% |
| 대표자 급여 | 비용 처리 불가 | 비용 처리 가능 |
| 활용방안 | 주택 | 상가, 토지 등 |

② **업종코드**

업종코드는 단순한 분류가 아니라, 실제로 납부할 세금, 세제혜택, 경비율, 세무조사 리스크 등 사업 전반에 직접적인 영향을 미치므로, 사업자등록시 업종코드를 정확하게 선택하는 것이 매우 중요하다

| 업종코드 | 업태 | 종목 | 사업내용 |
|---|---|---|---|
| 703011 | 부동산업 | 주거용 건물<br>개발 및 공급업 | 주거용 건물 개발 및 공급업,<br>주거용 건물 재판매<br>(토지 보유 5년 미만) |
| 703012 | 부동산업 | 주거용 건물<br>개발 및 공급업 | 구입한 주거용 건물 재판매<br>(토지 보유 5년 이상) |
| 703014 | 부동산업 | 비주거용 건물<br>개발 및 공급업 | 비주거용 건물 개발 및 공급업,<br>비주거용건물 재판매<br>(토지 보유 5년 미만) |

| 업종코드 | 업태 | 종목 | 사업내용 |
|---|---|---|---|
| 703015 | 부동산업 | 토지 매매업 | 택지, 농지, 농장, 공업용지 등 토지 및 기타 부동산을 위탁 또는 자영개발, 구입한 토지를 재판매(토지 보유 5년 미만) |
| 703021 | 부동산업 | 비주거용 건물 개발 및 공급업 | 비주거용 건물을 건설하여 판매(토지 보유 5년 미만) |
| 703022 | 부동산업 | 비주거용 건물 개발 및 공급업 | 비주거용 건물을 건설하여 판매(토지 보유 5년 이상) |
| 703023 | 부동산업 | 비주거용 건물 개발 및 공급업 | 비주거용 부동산을 신축하여 판매(토지 보유 5년 미만) |
| 703024 | 부동산업 | 비주거용 건물 개발 및 공급업 | 비주거용 부동산을 신축하여 판매(토지 보유 5년 이상) |

### 4) 부동산 매매업의 단점

#### ① 전용면적 85㎡ 초과 주택 부가세 납부

부동산 매매업으로 주택을 거래 하는 경우 전용면적 85㎡ 초과 주택은 부가가치세를 납부해야 한다. 만약 매매업자가 토지 2억, 건물 1억(공급가액)짜리 전용면적 90㎡ 주택을 매매한다면 건물가 1억에 별도로 10%의 부가세 1천만원을 납부해야 한다. 그래서 소비자에게 판매하는 가격은 3억1천만원(토지 2억+건물 1억+부가세 1천만원)이 된다. 상가나 공장을 매매하는 경우도 마찬가지로 건물분에 대해서는 부가세 10%(일반과세자 기준)를 내야 한다.

**② 종합소득 합산과세로 세부담이 커질 수 있다**

매매소득 외에 근로소득 등 다른 소득이 있으면 종합소득세로 합산과세되어 세부담이 커진다. 이 경우에는 1인 법인 설립이 더 유리할 수 있다.

# 작가
# 인터뷰

**이 책을 집필하게 된 계기는 무엇인가요?**

직장 생활만 하다가 사업을 처음 하는 사장님들을 위해 이 책을 썼습니다. 법을 모른다고 해서 국세청은 봐 주지 않습니다. 일례로 사업용 계좌나 현금 영수증 가맹점을 등록하지 않으면 소득세에서 창업 중소기업 세액감면을 받지 못합니다. 올해 창업하는 사장님부터 1년에 5억까지 창업 감면을 받을 수 있는데, 사업용 계좌를 기한 내에 등록하지 않으면 5억 감면을 못 받습니다. 손해가 막심하죠. 나중에 후회해도 소용없습니다. 초보 사장님들이 세금을 절약하는 데 도움을 드리고 싶었습니다.

**세금에 대한 가장 큰 오해는 무엇이라고 생각하시나요?**

'몰라서 못 했다고 하면 괜찮지 않을까'라고 생각하는 게 가장 큰 오해입니다. 로마법 명언에 '법률의 부지(不知)는 용서받지 못한다'라는 말이 있어요. 법을 몰랐다고 해서 국세청은 인정해 주지 않습니다. 사업용 계좌 등록과 현금 영수증 가맹점이 바로 그 사례입니다. 의무적으로 등록해야 하는 줄 몰랐다고 해도 창업 감면을 해 주지 않아요. 사업을 하려면 지켜야 할 최소한의 세법을 알아야 하죠. 그런 것들을 책에 담았습니다.

**성공하는 사장님들은 세금 관리도 잘하실 텐데요 절세 외에도 발견되는 공통적인 습관이나 태도가 있다면 무엇인가요?**

세무사로 일하다 보면 성공한 사장님들을 많이 만나게 되는데요. 첫째로 보이는 공통점은 자기 일을 사랑한다는 점입니다. 돈을 버는 것도 중요하지만 그보다 본인의 일을 즐기시죠. 둘째로는 언제나 감사 표현을 많이 한다는 점입니다. '지금까지 성공한 게 운이 좋았다. 그래서 감사하다'

고들 하세요. 건강이나 사업뿐만 아니라 사소한 일에도 감사하는 태도가 몸에 배어 있습니다. 저도 많이 배우려고 노력하고 있습니다.

**수많은 사장님의 절세를 도우면서, 가장 극적이었던 사례는 무엇인가요?**

서울에서 영상 제작업체를 개인사업자로 운영하던 사장님의 영업권을 평가해서 법인으로 전환한 적이 있어요. 그렇게 소득세는 2억원, 법인세는 1억원 절세시켜 드렸었죠. 어떻게 이런 일이 가능했을까요? 다른 사람의 사업장을 인수하려면 매도인에게 권리금을 줘야 하는데요. 권리금은 시설이나 단골 고객, 매장을 통째로 넘길 때 주고받는 돈입니다. 개인과 법인은 법적으로 다른 주체이기 때문에 개인사업자에서 법인으로 전환할 때도 이 권리금을 주고받을 수 있어요. 개인이 법인에 사업체를 파는 것과 마찬가지죠. 그래서 권리금을 주고받을 수 있어요. 권리금을 세법에서는 '영업권'이라고 하는데, 이 영업권이 좋은 이유는 필요경비를 60%나 인정해 주기 때문입니다. 예를 들어 영업권을 5억원 받았다고 하면 60%인 3억원은 필요경비로 인정돼요. 3억원에 대해서는 소득세를 전혀 내지 않습니다. 비과세나 마찬가지죠. 이런 식으로 사장님 혼자서는 못 했을 방법으로 절세를 도와드렸던 일이 기억에 남습니다.

**반대로, 법이나 규정의 한계 때문에 도와주지 못했던 사례도 궁금합니다.**

친구한테 사업자 명의를 빌려준 고객이 있었어요. 그런데 친구가 세금을 안 내고 도망을 간 거예요. 친구의 세금을 고스란히 떠안게 된 거죠. 사실 세법에는 실질과세 원칙이라는 게 있어서 명의자가 아닌 실제로 사업을 한 사람이 책임을 지게 되어 있습니다. 문제는 이걸 증명해 내기가 어렵다는 거예요. 명의를 빌려준 고객이 세금을 낼 수밖에 없었죠. 절대로 다른 사람에게 사업자 명의를 빌려줘서는 안 됩니다. 빌려준 사람이 전부 책임을 져야 할 수도 있으니까요.

**매년 바뀌는 세법을 놓치지 않기 위해, 작가님만의 정보 수집 방법이나 공부 습관이 있다면 소개해 주세요.**

매년 세법이 개정되기 때문에 기획재정부나 국회의 보도 자료 및 언론보도를 빼놓지 않고 읽습니다. 한국세무사회에서 매주 발간하는 조세 자료를 통해 개정 사항도 파악하고 있고요. 매년 바뀌는 세법을 공부해야만 고객들에게 미치는 영향을 파악해서 알려드릴 수 있으니까요.

**복잡한 세법 용어를 사장님들의 눈높이에 맞춰 쉽게 설명하기 위해 어떤 노력을 하셨는지, 집필 과정이 궁금합니다.**

전문가들이 제일 빠지기 쉬운 게 지식의 함정이거든요. 나만 아는 용어, 어려운 용어를 쓰지 말아야 하는데 습관이 되다 보니 그게 어렵더라고요. 최대한 쉽게 쓰려고 노력했는데, 혹시라도 읽다가 이해가 안 된다면 제 유튜브 영상을 참고하면 도움이 되실 겁니다. 그래도 어렵다면 유튜브 댓글이나 카카오톡 채널로 문의 남겨주세요. 성심성의껏 답변드리겠습니다.

**AI 기술 발전으로 미래의 세무 환경은 어떻게 변할 것으로 예측하시나요?**

AI 기술 발전으로 세무는 더 투명해지고 편리해질 것입니다. 지금도 거의 모든 거래가 전자로 이뤄지잖아요. 전자세금계산서, 신용카드 결제 등 현금결제가 거의 없죠. 앞으로는 전자결제가 더 활성화될 것입니다. 이에 따라 납세자도 증빙서류를 잘 갖춰놓아야 합니다. 전자 결제로 끝나는 게 아니라 이게 나의 사업과 어떤 연관이 있는지 소명해야 할 수도 있습니다. 그래서 통장 거래 내역이나 카드 사용 내역에도 어떤 이유로 구매했는지 메모를 해 두는 게 필요합니다.

### '사장님편' 다음으로 구상 중인 책이 있나요?

다음에는 부동산편 또는 상속/증여편을 써 보려고 합니다. 부동산편에서는 1가구 1주택 비과세를 중점적으로 다루고, 양도세 절세 방법도 다루고 싶어요. 상속/증여세 편은 누구에게나 해당하는 내용이죠. 간단히 설명해 드리자면 증여는 살아생전에 무상으로 돈을 주는 것입니다. 결혼자금이나 부모님 부양 자금 같은 것들이 모두 여기에 속하죠. 그래서 가족이 있다면 누구나 알아야 하는 것이 증여세입니다. 상속은 돌아가신 다음에 물려주는 것이고, 일정 금액 이상 상속을 하게 되면 상속세를 내야 합니다. 이런 상속세를 절세하는 방법에 대해서도 쓸 계획이에요.

### 작가로서, 그리고 세무 전문가로서 궁극적으로 이루고 싶은 목표나 사명은 무엇인가요?

이번이 두 번째 책인데요. 올해를 시작으로 매년 1권씩 출간하는 게 목표입니다. 제 전공인 세금 분야뿐만 아니라 에세이, 소설, 자기 계발서도 써 보고 싶습니다. 제 이야기가 누군가에게 도움이 된다면 무척 보람 있을 것 같아요. 물론 저도 책을 쓰면서 다시 이론을 정리할 수 있어서 좋고요.

어느 책에선가 '자신을 구하는 유일한 길은 남을 구하려고 애쓰는 것이다.'라는 말을 본 적이 있는데요. 이 구절처럼 살려고 노력하고 있습니다.

**이제 막 사업을 시작하는 가까운 지인에게 딱 한 가지를 조언해 준다면요. 책에는 담지 않은 꿀팁 하나를 전해주세요.**

'꿈은 크게 갖되 계획은 현실적으로 세워라.'입니다. 사업을 처음 시작하면 장밋빛 꿈이 가득할 것입니다. 하지만 현실은 그렇게 녹록지 않거든요. 궁극적인 목표가 100억 매출이라면 그것을 이루기 위한 계획을 현실적으로 수립해야 합니다. 1년에 10억씩 매출을 올린다면 10년이 걸리겠죠. 그럼 매월 8천400만원의 매출을 올려야 해요. 이걸 다시 30일로 나누면 매일 280만원의 매출을 올려야 하고요. '그렇다면 매일 280만원의 매출을 올리기 위해서는 어떻게 해야 할까?' 이것부터 시작해야 합니다. 하루의 목표를 달성하다 보면 언젠가 연 매출 100억원도 달성할 수 있을 겁니다.

**이 책을 덮은 독자들이 내일부터 당장 자신의 사업에 적용해 보았으면 하는 '첫 번째 행동'은 무엇인가요?**

절세와 함께 본인의 은퇴도 함께 준비하면 좋겠습니다. 이를 위해 꼭 가입해야 할 금융상품이 4가지가 있는데요. 제일 첫째는 '국민연금'입니다. 소득공제도 받고 노후에 연금도 받을 수 있는 상품입니다. 둘째는 '노란우산공제'고. 셋째는 '연금저축', 넷째는 '퇴직연금 IRP'입니다. 여력이 된다면 모두 다 가입하면 좋겠지만, 힘들다면 소개해 드린 순서대로 가입하시면 세금도 절약하고 은퇴자금 준비도 가능해요.

**마지막으로 독자들에게 한 마디 해주세요.**

사업을 하다 보면 세금에 대해 궁금한 게 많을 거예요. 먼저 어떤 결정을 내리기 전에 세무사와 상담을 받아보는 것을 추천해 드립니다. 일을 실행한 후에 다시 절세하기 위해 일을 번복하기는 쉽지 않거든요. 만약 사업자등록을 한다고 했을 때 어디에 어떻게 하냐에 따라 세금이 크게 달라질 수 있습니다. 그러니 반드시 창업하기 전에, 법인 설립 전에, 부동산을 팔기 전에 미리 세금 전문가인 세무사와 상담받고 결정하시기를 바랍니다.

작가 홈페이지

**평생 내는 세금 1억 절약하기 - 사장님편**
안 읽으면 1억 손해 보는 절세 완전 정복기

**발행일** 2025년 11월 17일

**지은이** 장중진
**펴낸이** 마형민
**기획** 페스트북 편집부
**편집** 곽하늘 강채영 김예은
**디자인** 김안석 표진아
**펴낸곳** 주식회사 페스트북
**홈페이지** festbook.co.kr
**편집부** 경기도 안양시 동안구 관악대로 488

ⓒ 장중진 2025

ISBN 979-11-6929-933-6 03320
값 17,000원

* 이 책은 저작권법에 의해 보호를 받는 저작물이므로 무단 전재와 무단 복제를 금합니다.
* 페스트북은 작가중심주의를 고수합니다. 누구나 인생의 새로운 챕터를 쓰도록 돕습니다.
  creative@festbook.co.kr로 자신만의 목소리를 보내주세요.